海上絲綢之路基本文獻叢書

海防纂要（五）

〔明〕王在晋 撰

文物出版社

圖書在版編目（CIP）數據

海防纂要．五／（明）王在晋撰．-- 北京：文物出版社，2022.7
（海上絲綢之路基本文獻叢書）
ISBN 978-7-5010-7654-3

Ⅰ．①海… Ⅱ．①王… Ⅲ．①海防－軍事史－中國－明代 Ⅳ．①E294.8

中國版本圖書館 CIP 數據核字（2022）第 086616 號

海上絲綢之路基本文獻叢書
海防纂要（五）

撰　　者：〔明〕王在晋
策　　劃：盛世博閱（北京）文化有限責任公司

封面設計：鞏榮彪
責任編輯：劉永海
責任印製：王　芳

出版發行：文物出版社
社　　址：北京市東城區東直門内北小街 2 號樓
郵　　編：100007
網　　址：http://www.wenwu.com
經　　銷：新華書店
印　　刷：北京旺都印務有限公司
開　　本：787mm×1092mm　1/16
印　　張：15
版　　次：2022 年 7 月第 1 版
印　　次：2022 年 7 月第 1 次印刷
書　　號：ISBN 978-7-5010-7654-3
定　　價：98.00 圓

總緒

海上絲綢之路，一般意義上是指從秦漢至鴉片戰爭前中國與世界進行政治、經濟、文化交流的海上通道，主要分爲經由黄海、東海的海路最終抵達日本列島及朝鮮半島的東海航綫和以徐聞、合浦、廣州、泉州爲起點通往東南亞及印度洋地區的南海航綫。

在中國古代文獻中，最早、最詳細記載『海上絲綢之路』航綫的是東漢班固的《漢書·地理志》，詳細記載了西漢黄門譯長率領應募者入海『齎黄金雜繒而往』之事，書中所出現的地理記載與東南亞地區相關，并與實際的地理狀况基本相符。

東漢後，中國進入魏晉南北朝長達三百多年的分裂割據時期，絲路上的交往也走向低谷。這一時期的絲路交往，以法顯的西行最爲著名。法顯作爲從陸路西行到印度，再由海路回國的第一人，根據親身經歷所寫的《佛國記》（又稱《法顯傳》）一書，詳細介紹了古代中亞和印度、巴基斯坦、斯里蘭卡等地的歷史及風土人情，是瞭解和研究海陸絲綢之路的珍貴歷史資料。

隨着隋唐的統一，中國經濟重心的南移，中國與西方交通以海路爲主，海上絲綢之路進入大發展時期。廣州成爲唐朝最大的海外貿易中心，朝廷設立市舶司，專門管理海外貿易。唐代著名的地理學家賈耽（七三〇～八〇五年）的《皇華四達記》記載了從廣州通往阿拉伯地區的海上交通『廣州通夷道』，詳述了從廣州港出發，經越南、馬來半島、蘇門答臘半島至印度、錫蘭，直至波斯灣沿岸各國的航綫及沿途地區的方位、名稱、島礁、山川、民俗等。譯經大師義净西行求法，將沿途見聞寫成著作《大唐西域求法高僧傳》，詳細記載了海上絲綢之路的發展變化，是我們瞭解絲綢之路不可多得的第一手資料。

宋代的造船技術和航海技術顯著提高，指南針廣泛應用於航海，中國商船的遠航能力大大提升。北宋徐兢的《宣和奉使高麗圖經》詳細記述了船舶製造、海洋地理和往來航綫，是研究宋代海外交通史、中朝友好關係史、中朝經濟文化交流史的重要文獻。南宋趙汝適《諸蕃志》記載，南海有五十三個國家和地區與南宋通商貿易，形成了通往日本、高麗、東南亞、印度、波斯、阿拉伯等地的『海上絲綢之路』。宋代爲了加强商貿往來，於北宋神宗元豐三年（一〇八〇年）頒佈了中國歷史上第一部海洋貿易管理條例《廣州市舶條法》，并稱爲宋代貿易管理的制度範本。

元朝在經濟上採用重商主義政策，鼓勵海外貿易，中國與歐洲的聯繫與交往非常頻繁，其中馬可·波羅、伊本·白圖泰等歐洲旅行家來到中國，留下了大量的旅行記，記録元代海上絲綢之路的盛况。元代的汪大淵兩次出海，撰寫出《島夷志略》一書，記録了二百多個國名和地名，其中不少首次見於中國著録，涉及的地理範圍東至菲律賓群島，西至非洲。這些都反映了元朝時中西經濟文化交流的豐富内容。

明、清政府先後多次實施海禁政策，海上絲綢之路的貿易逐漸衰落。但是從明永樂三年至明宣德八年的二十八年裏，鄭和率船隊七下西洋，先後到達的國家多達三十多個，在進行經貿交流的同時，也極大地促進了中外文化的交流，這些都詳見於《西洋蕃國志》《星槎勝覽》《瀛涯勝覽》等典籍中。

關於海上絲綢之路的文獻記述，除上述官員、學者、求法或傳教高僧以及旅行者的著作外，自《漢書》之後，歷代正史大都列有《地理志》《四夷傳》《西域傳》《外國傳》《蠻夷傳》《屬國傳》等篇章，加上唐宋以來衆多的典制類文獻、地方史志文獻，集中反映了歷代王朝對於周邊部族、政權以及西方世界的認識，都是關於海上絲綢之路的原始史料性文獻。

海上絲綢之路概念的形成，經歷了一個演變的過程。十九世紀七十年代德國地理學家費迪南·馮·李希霍芬（Ferdinad Von Richthofen，一八三三～一九〇五），在其《中國：親身旅行和研究成果》第三卷中首次把輸出中國絲綢的東西陸路稱爲『絲綢之路』。有『歐洲漢學泰斗』之稱的法國漢學家沙畹（Édouard Chavannes，一八六五～一九一八），在其一九〇三年著作的《西突厥史料》中提出『絲路有海陸兩道』，蘊涵了海上絲綢之路最初提法。迄今發現最早正式提出『海上絲綢之路』一詞的是日本考古學家三杉隆敏，他在一九六七年出版《中國瓷器之旅：探索海上的絲綢之路》中首次使用『海上絲綢之路』一詞；一九七九年三杉隆敏又出版了《海上絲綢之路》一書，其立意和出發點局限在東西方之間的陶瓷貿易與交流史。

二十世紀八十年代以來，在海外交通史研究中，『海上絲綢之路』一詞逐漸成爲中外學術界廣泛接受的概念。根據姚楠等人研究，饒宗頤先生是華人中最早提出『海上絲綢之路』的人，他的《海道之絲路與昆侖舶》正式提出『海上絲路』的稱謂。選堂先生評價海上絲綢之路是外交、貿易和文化交流作用的通道。此後，大陸學者馮蔚然在一九七八年編寫的《航運史話》中，使用『海上絲綢之路』一詞，這是迄今學界查到的中國大陸最早使用『海上絲綢之路』的人，更多地限於航海活動領域的考察。一九八〇年北京大學陳炎教授提出『海上絲綢之路』研究，并於一九八一年發表《略論海上絲綢之路》一文。他對海上絲綢之路的理解超越以往，且帶有濃厚的愛國主義思想。陳炎教授之後，從事研究海上絲綢之路的學者越來越多，尤其沿海港口城市向聯合國申請海上絲綢之路非物質文化遺産活動，將海上絲綢之路研究推向新高潮。另外，國家把建設『絲綢之路經濟帶』和『二十一世紀海上絲綢之路』作爲對外發展方針，將這一學術課題提升爲國家願景的高度，使海上絲綢之路形成超越學術進入政經層面的熱潮。

與海上絲綢之路學的萬千氣象相對應，海上絲綢之路文獻的整理工作仍顯滯後，遠遠跟不上突飛猛進的研究進展。二〇一八年厦門大學、中山大學等單位聯合發起『海上絲綢之路文獻集成』專案，尚在醖釀當中。我們不揣淺陋，深入調查，廣泛搜集，將有關海上絲綢之路的原始史料文獻和研究文獻，分爲風俗物産、雜史筆記、海防海事、典章檔案等六個類别，彙編成《海上絲綢之路歷史文化叢書》，於二〇二〇年影印出版。此輯面市以來，深受各大圖書館及相關研究者好評。爲讓更多的讀者親近古籍文獻，我們遴選出前編中的菁華，彙編成《海上絲綢之路基本文獻叢書》，以單行本影印出版，以饗讀者，以期爲讀者展現出一幅幅中外經濟文化交流的精美畫卷，爲海上絲綢之路的研究提供歷史借鑒，爲『二十一世紀海上絲綢之路』倡議構想的實踐做好歷史的詮釋和注脚，從而達到『以史爲鑒』『古爲今用』的目的。

凡例

一、本編注重史料的珍稀性，從《海上絲綢之路歷史文化叢書》中遴選出菁華，擬出版百册單行本。

二、本編所選之文獻，其編纂的年代下限至一九四九年。

三、本編排序無嚴格定式，所選之文獻篇幅以二百餘頁爲宜，以便讀者閱讀使用。

四、本編所選文獻，每種前皆注明版本、著者。

五、本編文獻皆爲影印，原始文本掃描之後經過修復處理，仍存原式，少數文獻由於原始底本欠佳，略有模糊之處，不影響閱讀使用。

六、本編原始底本非一時一地之出版物，原書裝幀、開本多有不同，本書彙編之後，統一爲十六開右翻本。

目録

海防纂要（五）

海防纂要（五）

卷十一至卷十三

〔明〕王在晋 撰

明萬曆四十一年刻本

海防纂要卷之十一

黎陽王在晉明初甫纂

約法

一勤教練夫練兵之法非特執旗走動而已要先練心大小將領各將部下士卒時加訓練先結之恩信以收其心繼示之威嚴以振其氣卒有疾必親問視軍有苦即與處分甘苦共之若征行兵未食將不言饑兵未飲將不言渴步卒在前馬不直遂路逢險處下馬隊行兵在雨雪中將不張蓋若遇止宿處將必親出巡視以眞心愉色問勞使人人感恩畏威盡懷

願死之志其教練使習營陣之法耳熟金鼓目視旌旗凡坐作進退分合應援出奇布伏張局設疑俱令習熟使營伍整肅可稱有制之兵然兵之爲用必以技自衛而後可以勝人必擇技射武藝之尤者立爲教師分部演習以一教十以十教百以百教千如長鎗耍手足俱活進速不老鳥銃耍入藥便捷臨陣不誤狼筅耍架隔有力使鎗不得入鈎鐮釵鈀耍助翼狼筅使刀不得近牌有藤牌長牌挨牌燕尾牌兵各帶腰刀標鎗耍蛇行竄息轉折縱横弓箭尤軍中長技須倍演習于操期較藝分上中下三等如射中七

矢以上者爲上等下陞中中陞上三矢以下者爲下等上降中中降下四矢以上者爲中等不降不陞二次居下等者責二十棍三次居下等者責三十棍革退屢次居上等者加賞屢次全中查無過者不次拔用中等者量責鳥銃亦照此格各置較藝簿填註以備查考水兵汛畢收港一體練習使藝精氣壯自奮敵愾之勇一有警報但聽中軍傳令依令進發先發鳥銃弓弩手勁卒牽于半路埋伏次發奇兵二枝左右應援儻遇田塍路狹山徑蹊嶇則兵分數道以爲犄角正兵誘敵覘賊稍近刀牌手先護鳥銃向前舉

放用標鎗射賊乘其顧搖卽抽刀砍進狼筅手隨銃直前掩殺釵鈀短兵相繼而進奇兵聽中軍起火爲號兩傍夾擊伏兵齊起或截其後或衝其腹使首尾不顧掩耳不及自無不勝而當陣决機運用之妙尤在一心至于水戰布列聯環三疊等陣以福船爲中軍以草撇蒼船爲正兵八槳漁船爲兩翼奇兵唬船爲衝鋒網船唬船爲哨探若哨探有警日擧白旗夜放起火爲號飛報中軍依令前進賊稍近可犁則用福蒼船乘風衝犁不可則用唬船先馳衝鋒攻打如三十步外用佛狼機百子銃碗口銃鳥銃神機箭弓

火箭一窩蜂攻擊再近正兵奇兵竝發左右夾攻銃
石火器齊放若逼至蒼艚即過船剿殺須用長蛇之
勢首尾截擊以收萬全之功
一收勇敢勇敢之人處處有之而浙尤多自息戈以
來凡驍勇無業之民遇補兵不能與選往往流落爲
盜良可憫念今後民間武藝精熟力能勝四五百斤
以上者聽其投告本縣結送該道試果有勇即收充
補缺兵使彼受吾愛養奮勇圖報將來爲地方緩急
之用亦未可知愼勿濫收無藉兇惡以混行伍
一防鑛盜兩浙鑛山共七十三處如於潛之金鰲塢

猪狏嶺昌化之康山孝豐之俞嶺銅坑山陰之大焦山會稽之神山慈谿之銀山奉化之菩提嶺東陽之西甑山義烏之八寶山西安之銅山江山之仙霞井石獅坑開化之大尖塢鳥哨塢淳安之老山坑遂安之十五里坑泰順之長降尾坑北山坑石門下坑南山坑松陽之砦寮坑小蘇坑際坑烏壇坑白碧坑黄坑縫尾葉銘坑淳箷坑際背坑姜坑遂昌之黄岩坑金鷄石下坑焦坑古塘坑古樓坑澤樹欄坑麻竹降坑梭溪坑雲和之黄家畬坑縫尾陰岩坑宣平之礱坑俞高坑景寧之嶺坳坑渤海坑陶州坑下場坑道

化坑大洋坑蘆茜坑張坑大漈坑十八揷坑吳四坑慶元之横岩平崗坑毛洋杉菜坑縫尾牛扼坑白雲洞沿坑黄壇坑添堂坑縫尾石瀆坑桂揚坑龍泉之溫空坑毛坑漈坑黄礦井坑崑崙坑烏鉛漈坑白壇臏坑前突下坑嶺坑屏風後坑先因盜挖起釁奉例封禁令編保甲鄉兵互相守護外但衢州爲浙直鑛山連脉之地處州係江福鑛盜隱伏之區金華又多盜爲鑛徒出入必由之路故設總捕都司統領前左營二總民兵駐劄衢州每遇秋末冬初水涸土堅恐奸徒垂涎盜掘督令將二營官兵每月初二十六爲

期輪撥哨隊什兵各三十一名哨探防禦前營住府城者一路往杜澤雙橋銅山上曹一路往湖南嚴剝一路往蘭谿永昌街壽昌白沙地方左營在華埠者一路往馬金嶺直抵嚴州遂安交界一路往開化四都葉坑深山下遂安長山交界一路往雲霧山由葉谿嶺直抵江山德興交界一路往大蓉嶺三大容田直抵嚴州交界而江山之石門另撥兵一哨專守以扼鑛賊之喉吭處州設有團操兵二總內一總屯劄府城一總汛期出守蒲岐汛畢掣回防鑛常輪撥哨兵前往龍泉慶元竹口衝要地方哨禦以破鑛賊之

腹心金華選練民壯五百名防守應援以斷鑛寇之肘腋三府通賊要路俱有官兵防截則外郡烏合之徒自不能入各道及總捕都司嚴督防禦以保無虞各把總哨官不奉令者不時查訪究革

一兵梢聽命于甲長甲長聽命于捕盜捕盜聽命於哨官哨官聽命于總哨總哨聽命于備倭把總有不聽者綑打問罪其捕盜舵工甲長兵梢各安分務念同舟共命如父兄子弟相倚若嗜酒賭博逞兇喧毆及假託事故在岸宿歇者連坐以罪間有置辦柴米神福船具等項俱赴中軍告領籌票限日時回銷違

者及該管捕甲一體重治
一任劄征行若燒毀人房屋姦淫人婦女搶奪人財
物者俱處以軍法行營遇渡下船不待將領分發爭
先攙亂及擅奪民船者俱綑打
一各兵不論操演調發行止宿食什不得離隊隊不
得離哨哨不得離總違者俱綑打一百如臨陣布陣
已定各兵有移足回頭或行伍擠撥及稀密不均以
致誤事者哨官隊長什長割耳兵處以軍法若征任
地方各兵有不隨本什者什長與兵俱綑打重治及
行營攙越前後非令先行先歇者一體連坐哨官隊

長　巳上俱都御史溫純練兵檄

一各營寨中有係賊親黨及外番逃回者或謀爲內應或探聽消息或作嚮導或以火器火藥接濟交通許各隊互相糾察正犯皆斬同隊同哨縱容不舉者與同罪　遇汛務將兵船依期分布要害信地防守往來會哨仍撥鳥快哨船遠出外洋哨探如船隻到信地後期及偷安穩澳不撥船會哨遠出偵探者哨官捕盜各綑打六十舵工綑打四十因而失事者斬

　遇警無分雨夜即要督率兵船追剿如總哨不奮勇先登身率士卒而但以空言驅督塞者各綑打一

百因而失事者斬將官及海防官扶同隱蔽以不職
論　如中軍船已掌行號而部下兵船不跟綜前進
退縮後至者斬捕盜行遲緩迂曲而後到者斬捕盜
舵工遇淺着礁不到者斬攀招手船雖先到而使風
掌舵不正不直故從賊船邊捱過者斬舵工繚手
若敵人慮我兵追及故將船內器物遺棄水中作餌
緩兵兵夫敢有撈拾不急追擊者許本船捕隊先將
犯兵割耳示衆事畢解處故縱者連坐
一陸路備總官平時務將部兵以時操練較試技藝
怠玩者總哨官各細打四十守備官另行議處　約

束隊兵不許擅離營伍如隊兵私離營蕩者綑打四十同哨隊兵不覺舉互相縱容者綑打三十若備總哨官擅離者總哨官俱綑打六十守備官另行議處遇汛督令隊兵各預備乾糧五日以備追剿調遣失備者各綑打四十　出汛哨兵務照信地分布防守遣撥塘兵遠出哨探如偷安內地不撥兵哨探哨官哨隊長各綑打六十備總官不申督者罪同因而失事者各斬　遇有警報即要督率部兵趨赴海邊緊要處所與寨遊水兵內外協應以助聲援如賊登岸即併力擒剿哨官以下不用命及臨陣退縮者聽

備總斬首以徇　備總官不奮勇先登但以空言驅
督塞責者照寨遊例叅處
一各營總哨有尅減軍兵月糧及包兵冒餉與指稱
餽送各衙門年節生辰禮儀并各項使用科歛軍兵
財物者許各軍兵據實赴院聲告去省遠者於各道
具告審究情真依管軍官科歛并盜官錢糧律論仍
照近例二百兩以上發邊衛充軍三百兩以上發永
遠充軍其軍兵不遵約束賭博姦淫及强買民間物
件者聽把總綑打一百情重者解軍門處治總哨故
縱者罪同如總哨有科尅事情軍兵平時不行首告

而臨事出兵藉口月糧短少阻撓軍法者緩則綑打
一百急則斬首示衆各總哨平時不簡練士卒而臨
期以軍兵驕惰爲辭者綑打一百因而失誤軍機者
斬
一各府處州縣衛所城池自有本等守禦軍兵及城
中保甲人等凡遇山海賊警應將營兵分布要害防
剿若掣入城中自固致賊入境内擄掠者依守備不
設律論各罪坐所由縱無擄掠備總以下解軍門綑
打一百副叅另處
一各寨遊船隻如在内地失於看守致有閣損者經

防一汛二汛三汛全賠仍將捕舵綑打問罪革役四汛五汛六汛賠十分之七七汛八汛賠十分之五仍綑打問罪姑免革役九汛十汛賠十分之三十一十二汛以上賠十分之一俱綑打姑免問罪如開駕在洋遭風打壞經防一汛者全賠二汛者賠十分之八三汛四汛者賠十分之六五汛六汛者賠十分之四七汛八汛以上者賠十分之二俱免綑打問罪其九汛以上者俱姑免追賠若因追賊損失者一汛以上俱免賠償其賠償船價俱於該船捕舵軍民兵工食行月糧内扣十分之六量給四分以資役食扣足而

止仍即動支餉銀補造船隻發駕防禦不許買民船賠補滋獘如一時打造不及又數止一二隻亦不必雇船出汛以免冒濫

一各府州每季終將各年製造在庫局及奉文支給各營寨軍火器械分别收除四柱數目明白塡簿繳院稽查其支給領用務將先造者儘數支完方將後造者以次接支迨支將盡仍行申請再造如有錯越濫冒及塡報遲誤者提吏重究已上俱全閩約法

營規

一各營兵士逃亡事故該總匿不以報圖冒月糧後

或准人私頂而常例倍於新兵蓋爲省解驗使費耳今後各兵逃亡事故該什長即具小報帖四紙限次日投送將官把總哨官隊長處各一紙把總仍照舊開送中軍呈報將官作缺住糧過三日不報什長究革本什不報而他人首發者賞銀五錢能發私頂情獘者賞銀一兩惟汛期已近不許一兵畏避私逃違者連坐隊什長仍嚴提逃兵正罪

一各官跟隨兵健原有定例如將官二十五名轅門把總十名中軍官十二名把總十名督陣官二名哨官一名各官仍有額外多佔者而把總尤甚或每名

每月納銀四錢免其差操殊非法紀今後各官敢有
額外多佔一名及私充工作者坐贓論罪
一各兵間有不守營規酗酒鬬毆嫖賭誤事等項各
總往往指稱呈革恐嚇取財或以兩計或以錢計殊
爲貪肆今後各兵有犯前項事情止許分別責治如
情罪重大卽呈鳴將官酌量究處有仍前私行索賄
致有枉縱者訪出重究如該總從公處分而各兵抗
違不服或因而反噬致壞體統定以軍法重治
一每年例給各營鳥銃兵九十名每名火藥三斤鉛
彈一斤十二兩火繩二條訪得各總關領分給鉛硝

十而減三火繩一斷爲二致各兵應用不敷今後於春秋二操之前俱解發將官照數唱名給散以防侵尅之弊及查應給各兵鳥銃百子銃藤牌腰刀銅鍋每年正月聽將官呈詳於官庫換給但各總哨往往受賄縱令兵士私自易賣故將損壞不堪器械告換求給欺冒可恨今後將官須嚴加查覈稍損者責令整修盜賣者連坐治罪遇有真實損壞應該換給者仍將各器械鏨記年月以便稽查

一營兵糾衆出銀做會約以糧出執銀赴摇奸黠之徒得銀入手潛行脫逃亦有貪困無償違約負賴每

遇糧出紛紛告擾委屬不便又有汰革目兵附營潛住或以夙事或以舊帳逞刁告訐又有開張店肆安歇不良流棍以致爲盜爲奸莫可究詰深爲營伍之蠹今後各營目兵不許糾倣銀會致有脫逃并驅逐革兵回籍不許潛住啓釁及開店匿奸違者許各總與地方呈舉拏究遞回

一霜降迎揚稅辦軍器旗幟衣物等項原係兩年一次輪者當受但不許賣放偏累惟封帖差遣哨官兵士係營中衆擎易舉以均差役與尋常往來會食原非科歛者聽從其便

一各兵亦有别通藝業在外開張店面者雖於操防不誤而住居四散不便管攝今後俱行令移住營房或操場附近去處以便稽查又有等衙門在官人役及指稱士夫名色私用家人掛名食糧並不着伍或臨操僱人替點者該總一一從實查報容隱者連坐將官仍將每總見在目兵各置籤筒一箇聽本院不時傳示掣點
一營中各兵有缺舊規積至百人聽詳選補除季操汰革老弱外如中間自覺衰病情愿告退者賞銀三錢以獎恬退原缺另募

一哨官隊什俱束兵頭目非膽略材技過人何以服衆近訪各營隊什長缺出率皆爭先用賄買求該總擇其賄之厚者開送將官呈補今後通應禁革一遇前項缺出各總務要試驗年力材技從公拔補敢有仍前用賄行求者隊長有犯許同哨什長有犯許同隊兵士有犯許同什查有的據各赴將官呈首究處但不得挾私妄首致長刁風與下款招募新兵總要將官逐一留心親自揀選

一招募新兵徃多扶同作弊或有錢者出名應募有力者出身代選及詳允入隊之後巳非向日提石之

人矣今後募補新兵務要研查前弊一經選中給與年貌腰牌仍令隊什長與同什各兵當官識認取具連名不致扶同目頂結狀附卷待收伍後將官不時抽試一二如年貌力氣稍不對同即時查究同結者連坐

一各營把總統領目兵居常守禦城池汛期督兵海上冬月徼巡省會冒雪衝寒終歲勞苦今後把總病故給與役過廪糧外再准給半月以示優恤此外不許更請增益

一營中兵士率多他郡人民有妻子則家口爲累無

妻子則臼爨無資設遭疾病死喪藥物莫爲之調後事莫爲之備良可憫惻今後病故者除月糧截日住支外仍許接支半月助其殮具或父母病故營中者准給助銀一錢每總額設醫生須特加遴選能講究方脉頗精醫理者充之照例免其差操遇有目兵疾病無論輕重責令用心調治痊愈每季將醫過人數用過藥料開報該營將官覈實准給前銀若干逐一登記歲終類報本院查考其醫生術業精通救活數多者另加獎賞庸而誤殺傷人者究革

一兵糧每日三分儘足用度惟上務科尅下習浮蕩

以致日給不敷稱貸於人利則每月加一窮兵何堪除科剋有禁外以後各兵須要大家節省量入爲出不得嫖賭浪費如有揭債累貧及富豪取利太重借者借與者各究罪哨隊什長包放債利與揑使低銀者罪加一等

一冬月輪撥總哨官兵于省城内外夜巡陡遇雨雪廓外無憇足之處委果寒苦許於西城外五鋪茶坊嶺太和門下虎跑寺觀門首暫爲憇止不許擾民

一每年春汛分發標兵赴沿海地方防守將領把總等官務要申嚴號令約束部兵沿途不許秋毫擾民

總哨各官務要遵照禁款一切費用不許扣尅各兵兵健等役不許假以僱船爲由刁難船戶索取酒食常例經過地方水路責行有司撥船編號泊埠聽將領派兵下船不許爭先擅搶多用船隻陸路任宿處所責行有司酌量民居大小票貼門上聽將領把總派兵宿歇不許擅動民間一草一木汛畢奉掣回還將領把總于三日前知會沿途有司以便責撥船夫各兵飯食米菜隨路買用俱照時價兩平交易不許恃强短價其市鎮人等亦不許將不堪柴米抑勒貴價兵到汛地聽將領把總酌量安插不許擅離營伍

醎酒爲非違者許將領把總輕則綑打重則綁解軍
門梟示

一汛地廠房預行附近有司衛所官修葺完固合用
鍋竈卓凳勢難携帶量行借用該衛門寫記官单交
與把總汛畢回日照數點還損失追補 已上俱都御
史高 禁革營伍條款

墩堠號令

一每墩不拘日夜分三人帶起火三枝碗口銃一箇
手銃一箇在於極外海邊巡邏守哨遇有賊登晝則
摇旗放銃爲號夜則放起火放銃爲號墩上即便接

應如天晴則車十二幅大白旗相隣之墩車起大旗一路只至本府所在之處止一路至本衛所城池而止如若遇天日陰霾有雲霧望旗不見則將原搭草屋舉火連草屋通聽燃燒一架隣墩接放火則已如不接放又燒放一架夜遇有警看近海下墩哨軍火箭號響止燒放草屋一座蓋夜間火甚明不必二座也隣墩即便一體點放草屋賊到之墩一面差一人由便路徑到本衛所并陸路官處報賊多寡登犯時日情由聽該衛照本府原發報式轉報

一賊所登犯之地本墩失悞放火車旗遇賊流至隣

墩之下隣墩放火車旗而本墩後接者全墩軍法示
衆
一遣下墩海邊人役失悞者罪坐下墩海邊之人墩
上者連坐綑打一百
一近賊本墩放火車旗而隣墩接應失悞者隣墩軍
法示衆
一舉火遲延走報不時因而悞事者軍法示衆
一風汛時月墩軍不拘正墩隣墩敢有下墩回家及
雖近墩而不在墩者無賊至綑打一百割兩耳有警
軍法示衆該管官綑打穿耳連坐

一應備什物軍器欠缺一件者墩軍綑打一百割耳
仍罰月糧置辦該管官連坐綑打
一應備什物軍器雖不欠缺而不如法者墩軍綑打
四十扣月糧改置該管官以分數論罪治以軍法
一每墩立五人睡住臥房一間不拘草庵
竈一口　水缸二箇　鍋一口　碗五箇　碟十箇
米一石　鯗十斤　種火一盆　種火牛馬糞一擔
一器械碗口銃二箇　小手銃三箇　火箭九枝
大白布旗一面方十二幅　草架三座
草架法每架務高一丈二尺方四面俱一丈下二尺

高用木橫閣使草柴不着地不爲雨濕所浥上用稻草苫蓋如屋形伏覩　祖宗墩法舉狼烟南方狼糞既少烟火失制拱把之草火燃不久十里之外豈能目視且遇陰霾晝晦何以相瞭故必用立此大茅屋積草柴既多火勢大而且久庶隣墩相望可見其屋內不拘柴草務相均停一層柴一層草塡實盈滿

伏路軍法

凡伏路人在於城外不拘晝夜但放起火三枝砲響三箇是有賊來偷城中軍瞭見如是白晝則放砲三口車起大旗城內人丁盡數火速上城守禦一照守

城號令條約賊去落旗人丁休息若夜間瞭見城外不拘何面伏路人放起火砲響則車起雙燈二盞放大砲三口廠内人丁盡數出向垜口以備攻打賊退後落燈各人丁仍還廠内休息

凡伏路人已舉火號而中軍接應遲延毫刻或砲鬆不致大響以致在廠之人聽聞不明及燈籠不亮者致賊突到城下攻城登雉掌號鼓手瞭望人役以軍法示衆决不貸生掌印官綑打一百割耳

凡平時各應備器具什物不完者應備之人軍法施行掌印官連坐

一發人伏路凡風汛時月每城陸路官將伏路人役照城外要口四面共有幾處每處撥三人每人管二更俱於每日午時赴陸路官處領起火六枝手銃四口各照派過信地方向出城離三二里之遠守伏每至次日午時有人交代方許回家若遇有賊在近每路每方加撥五名每人止執一更

一凡白晝遇有賊至即放手銃三二箇起火三二枝摇展黃旗馳回中軍高處照給過號令接應城內人丁又照中軍號令上城守禦

一凡夜退賊至伏路人先覺即放手銃三二箇起火三

枝一面奔告城下中軍高處瞭見照給過號令舉動厰内人乘城備戰

一凡伏路人出伏遲期及備該隨身前項火藥不如法藥繩藥線濕落不堪雨具不整及在外之人不用心哨探而輒回家者通以軍法綑打一百割耳如有悮事軍法示衆陸路官連坐

一凡賊來伏路人在外不截要口哨伏偷藏人家屋厰園林之内睡熟悮事致賊突入城下攻城者伏路人俱比附臨陣退縮軍法示衆陸路官綑打連坐

一應備物件每陸路軍每一名自辦三眼手銃一把

好起火六枝火繩隨時辦用每人燈籠一盞小黃旗
一面雨具一副

治水兵法

一平日各照派定武藝時常檢點船上器具每日一
次看驗損壞火藥遇天晴五日一曬收閣乾燥避火
之處鎗刀鐵器半月一磨遮蔽風雨一件收磨不如
法扣罰工食甲長連坐
一每船斧口石大擂石務足若干八分放在船底二
分放在船面用過即補不補者扣工食
一每甲兵六名如有在逃一名將甲長綑打收監甲

下兵夫以五名收監以五名賫文分投捉拏獲日即
以本犯歷過工食充賞限三月拏不回將差過之兵
各打四十監併又差在監一半去拏如此輪拏一年
不獲全甲兵夫俱革其一年工食通扣在船修艌船
隻凡差出拏逃兵者工食即月扣收在官拏獲有功
之日給與其逃兵自首免罪拏到者春汛時月發船
之期依臨陣在逃法示衆每甲俱有逃兵連坐捕盜
每船俱有逃兵連坐哨官各哨俱有逃兵連坐領兵
官依次連坐即行覺舉者免罪

一兵逃甲長即時稟捕盜捕盜呈哨官轉呈把總呈

府註冊拘該甲兵夫給文行拏

一每月初一十五補兵即於廿九十四日該管捕盜募兵到船送付哨官帶到領兵官驗呈把總類驗本府驗中給與腰牌發總呈道收冊發船駕操

各船捕盜遇夜出哨脚船三板船俱要收藏穩便不許拖帶恐遇風急潮滚頓流者一船兵役取水不便悞失者管船兵夫一面治以軍法一面扣月糧陪造

一在港每日清晨中軍船定營吹打三通放砲三箇升太平旗左右前後四營依序安攏各擂鼓鳴金亦升太平旗

一捕舵兵夫上峅買辦柴米及神福船俱赴中軍船給籌票刻限時日回銷敢有不行稟鳴私自擅離及該管小甲互相容隱知而不舉者一體連治軍法

一各船領兵指揮哨官捕舵兵夫風汛時月不許偷安假托事故在峅宿歇虛竊錢糧致悞事機者不分貴賤一體軍法重治如有警掌行號巳畢而未到船巳起椗而方來俱係畏避卽發保候無功者斬

一各船捕舵小甲兵夫各照安名分長幼尊卑務念同舟共命如父子兄弟相處不許嗜酒在船爭打違令喧嘩俱以軍法連坐然後另行發官問理曲直

一各船官捕兵役各備簑衣箬笠一副以便遇雨應
用毋得抗違
一每日日落時分聽中軍船上吹打三通放砲三箇
各船一體鳴金擂鼓落旗
一夜暮以朦朧爲期中軍船發擂三通起更各船齊
擊竹梆打更者打鼓一次梆響一遍每更用兵二名
一名船頭遠視一名船尾高瞭遇有船過即便鳴鑼
各船齊備儻水上有黑塊夜浮者恐賊人踏水偷椗
支更兵夫速以石打一面高叫本船捕兵同看若是
別物流入則已若是賊人即便鳴鑼打鏡各船一體

防備違令支更兵夫重治割耳因而失事者斬

一放火磚火砲火毬之法須火線燃之將入方可擲下不然擲而滅就不滅賊可反手正當發時反為所害

一火箭只着棚帆當中一點打去常高中則不可救低則易救

一弩弓不可遠遠則無益徒費矢竭力

一標鎗非兩船相逼不可用往下打更難準

一打石着人頭面方打不可空往船上擲之

一賊船如近我船便傾下火藥一二桶少則無用連

桶則恐滚擲水中須傾桶倒下一面用一二人用鐵
鍬鍬炭火數鍬隨藥擲下火多則必有燃藥者或用
粗碗一箇種火一碗用灰蓋之放於桶口擲藥之時
碗内火同藥傾及船一磕而火藥相粘必發難救此
第一全勝捷徑妙法智者不能施其巧勇者不能用
其力也

行營軍令

凡瓜探夜不收瓜探不的聽人言語不親到賊所欺
詐因而悮失事機者軍法從事若傳報違期集兵遷
延以致悮事罪同

凡軍行在途遇有疾病把總官驗實隨即禀明給文送所在官司撥醫調治痊可即便追來敢有詐病推避者治以軍法

凡傍哨後哨見有乏弱人馬不能前進或在路傍潛藏者隨即收送中軍不許私自縱放

凡軍行定委巡哨官生二員止宿委巡視官生二員差巡視旗十面但有干犯軍令即便指實呈報不許隱匿及因而需索詐騙者各依法究治

凡前哨官前途給與清道藍旗十面令旗一面凡遇大小事務俱要差人傳報中軍清道旗手仍先期禁

斷人畜不許攙入隊伍衝冒旗纛如遇應該迎候禀
事人員及各處差來齎送緊急公文之人前總領哨
官審實差人報知方許進見儻有異言異服可疑之
人送中軍研審發落不許擅放擅問
凡止宿住食去處除下野營照臨敵號令外若入人
家或進城廓則前哨至城門前面各把總哨官頭目
即於通衢或在於人家之外相地放起火或若干枝
即爲幾路挨劄在彼候中軍到隊之中放靜砲三箇
每隊差火頭先進城入人家討取歇家令旗押隨完
畢回報中軍方傳令照教場散隊安歇巡視旗分哨

巡邏生事之人遇再起行仍照前初出規矩
凡軍行在路遺落器械什物見者許即收帶至止宿處送中軍招人認領失物得物之人照格賞罰隱匿不報者治罪亦不許私相交割
凡分兵數道臨發時務要會定記號如賊界相逢不分晝夜各即駐隊互舉原定記號以辨眞僞
凡軍臨賊境或林木異常與賊共守之處各兵嚴勒器械須立定以待候差各塘報搜覆無警再聽令行
凡臨賊遇沮澤坑坎不可擅即墻過須據平原備將地形禀覆中軍號令再行

凡官軍啓行各須披甲戴盔執器械庶幾臨敵輕便不許併執肩縛若路遠天熱得令方許更傳

凡火器應用繩藥鉛子銃手須於出征頭一日請給完足不許臨賊假稱放盡討索逼以畏避論罪已上俱紀效新書

城守號令

總督尚書胡宗憲云凡賊圍城必須選募勇敢夜斫其營或夜舉銃砲使賊驚疑其圍自解

一凡賊可結巢去處如松江柘林陶宅等地方必諭令居民盡行搬移入城房屋拆卸務使賊難棲止

一大兵進攻賊巢城内不無空虛恐墮誘敵奸計或賊出我之背乘虛來襲吁亦危矣必須嚴加防守仍撥人把截往來要路

海道副使譚綸云自來守城攻破者少襲破者多此嚴夜巡詰奸細爲第一要緊事也

一守城之器佛郎機發熕鳥嘴銃牀子弩旋風砲最利弓弩次之到用刀斧是最下策矣然亦不可不備也

一凡城有敵臺者最好守若無敵臺架櫓起望臺亦善或皆未備則用絮被挑懸出垜外五尺以蔽矢石

庶臨敵無失耳

一凡敵在城外不獨當爲守具亦當爲修城之具如木石灰磚之料與匠皆不可不備也

一守城用燭不如用松明一松明可代十燈也

一凡遇勍敵則須在城外爲三四壘屯兵拒守與城中爲犄角勢至爲上策敵築甬道架雲梯以攻我或穴地道以襲我則又當隨事有應免至臨時倉皇無措也

一凡敵夜襲我多在五更悉衆攻我多在黎明出我不意也

一凡敵環而攻我至曠日持乆計内乏薪芻則佯退數舍夜則還襲之或伏賊雜爲採薪者入城爲内應此皆不可不知也

一凡敵用雲樓攻我必先驅吾人負土塡濠我即當爲之備矣

一敵每擄吾人縶其父母妻子使爲間諜内應此最難辨識當事者須嚴察之

一凡詰奸須立木柵在濠之外百歩陳兵守衛而詰之城門之下又嚴兵以待之遇警則閉令人聞警輙將城門晝閉或止開一門或日開二次而詰奸又在

城門之內外避難之人一擁而入又孰從而詰且辨之

一凡敵在城外攻我不得須懸重賞選敢死士時出奇擾之或焚其輜重攻具待其走而邀擊乃爲得策也

參議唐愛云守城之法每垜口五箇爲一伍置木牌牌上寫趙甲錢乙孫丙李丁周戊每夜一人守一更四人穩卧每更置一小旗上寫更分夜巡兵姓名在上如趙甲爲一更錢乙爲二更之類巡更者執持在手負瞭望五垜口城下有無奸細一有賊至叫醒同

伍四人執持灰瓶石塊器械攻打如此庶使五垜不過數步之內易於瞭望一人巡更四人休息精力不疲緩急有備餘垜照此式若每垜口原編二人牌上備開十人每更止用二人瞭望尤爲加慎酌行之

一守城各垜兵夫勤惰不一不可不稽察使人人點名更更喧嚷則守垜者不能睡卧精神困疲非計也城小以城門爲限如自東門至南門南門至西門西門至北門每門用巡邏兵十名每更分二名巡視垜口不許吽喝搖打梆鈴止挑燈巡視若有輪更守垜兵夫熟睡不行瞭望者則時掣更旗明早禀治仍喚

醒防守不得驚擾擅自責打賣法并究五墩之內燈火斷滅即記輪更之人并治城夫自東門其窩鋪至其鋪巡邏週而復始每更二人稽查均照前式

一設巡邏之役又恐踈虞誤事每門另選職官二員各與以馬給以更牌更箭如東門巡至南門時值二更東門巡警官將一更箭交付南門城樓上官驗收南門官隨付二更牌與東門官爲號彼此各收次早送總巡官處查考若各官將牌箭私換不親巡警者查出以軍法重治其巡警官先察巡邏十人爲先次查各墩口偶有睡熟失瞭者許即責治執其更旗次

早遣巡邏人并送總巡官處究治巡警官止許巡視亦不得呼喝點名擂打梆鈴以驚擾守堞之人此周圍夜巡之大略也若城有衞所者衞官有司分門巡警不必另選職官馬各自備尤便

一城上白日止張旗號非寇臨城不許鄉夫上城以疲其力臨晚登埤俱要雨具器械違城不許喧嚷屏去鈴柝若無人者使寇不知城上虛實且城上不譁城外有警庶可傳報以便策應各門另設遊兵五十人各持利器鳥銃俟有警脅力禦敵仍先示約凡遇夜間賊集衆攻門方許放火箭二三枝再繫放銃二三箇

十分緊急鳴鑼三通原派本門遊兵一面禦敵總管另帶枝兵應援一門有警各門堅壁固守不得輕動以防聲東擊西之患尤禁垛兵驚擾離次至於疾風暴雨半夜黎明人易懈弛困倦賊每乘間登城此當嚴加申諭可也

一守城之具甚多急用惟灰罐石塊爲便俟圍久勢急因時出奇又當措備城上燈籠每五垛口止用燈一盞用新紙油者方明亮燈上用一油紙蓋以防雨蓋上仍壓以一小瓦片以防風每燈製一挑竿索懸城下離地七尺庶使賊抵城下我能照見我瞭垛口

賊不見我換燭即輪更之人不許誤事若官府給燭五人輪管使兵夫自備恐曠日持久所費不給夫免誤事油燭官處爲便不當靳小費可也

一守城官兵賊至城邊向内射放箭鋭城上不得喧嚷俟賊近城令慣熟鋭手善射者乘便打射務要巧發奇中得斃賊人一二其餘自退更不知我兵伎倆虛實毋得一槩亂發以窮矢藥若四面雲梯攻圍當并力齊禦又難拘泥

一閑雜人等不許無故上城垜口窺視擾亂軍伍且防城外矢石誤中旁人趨避不便驚惑衆心儻有奸

細亦難防閑栢應嚴禁如賊向城射箭放銃守城官軍各帶綿被或用牌盾取便掩掛垛口露隙瞭望以防矢石

一警報緊急城中居民近城者不宜堆積稻草蘆葦恐防城外火箭飛入在內柴堆亦易發火故宜禁諭少則收藏多則遠置隙地為便儻城中偶有失火去處城上訛言賊入警亂為害不細平日有司分定坊隅編立保長小甲名色各分信地多備水桶蔴斗鐵鈎麻搭竹梯斧鋸每一坊隅火起即以本坊火甲救之不得亂嚷守城兵夫各顧垛口就使本家失火不

許離次若係本坊火甲救援不力致有延蔓及不係本坊居民乘機搶火者查出一體以軍法處治如此緩急有備防守無虞此在平日素講而預備可也

一城門多備水缸水桶一以濟渴次備火攻樓櫓城門當路間設火器品窖蒺藜以防衝突若賊囊土束薪填塹登城者此無別法惟鳥銃並發人不敢近此無庸慮然亦在臨時計策之

一城包山者峻處城垣宜增培高厚或內立一敵臺瞰外以便瞭望運發矢石城峻處賊不敢近則城中虛實不得窺測而平城易於防守矣若繞山築城勢

若仰盂賊憑高窺見城內更當盡驅老弱爲兵多用
鮮明器械旗幟虛張聲勢使賊不敢易此不得已之
策又在臨期應變何如耳難以懸論也
一城外民居近城者如賊勢重大將逼城下須用拆
燬不然賊將藉爲遮攔且登城尤便於雲梯是不當
姑息若水門柴米出入所須尤急但要視勢緩急委
官嚴加盤詰不致疎虞可矣一槩閉絕適以自困此
守城者所深戒也若城中無水宜多穿井無米者亦
宜預備或勸富戶積粟許其乘時取利官弗爲禁或
官移帑金先期買米以備緩急至於鳥銃火藥燈籠

油燭之類邊海衛所縣分賊每登犯者尤當早爲計處庶爲有備

一城外沿濠攔馬墻此不可不堅築用高六七尺內多留穴空以便窺伺更容放鳥銃每城一面另募敢死士百人各執鳥銃利器潛布在內賊夜攻城必渡濠踰墻而入使內有備不必喧嚷俟半銃擊之近墻手刃之城上城下俱不得傳呼吽喊使賊不知伏兵故輕犯而多敗馬墻有備城上更無虞矣

御史邵惟中奏稱要轉行督撫二臣嚴令該府州縣衛所出示曉諭沿海居民各將妻女財貨糧米及時

搬運入城僦居存貯仍留壯丁在家防守并將當年糧長人等預令將應辦糧食收送城倉以聽運兌如有積粟數多不便入城者則官爲扣糴給賞時價即貯附近屯兵衞堡以充軍餉支用此權宜之術民必樂從事寧之日仍復舊業則城中積粟萬餘財貨充盈賊外無所掠而我内有所資矣

一府有府庫縣有縣庫獄囚皆須防守府中用首領官一員縣中用佐貳官一員看守

一各城門另設府首領或縣佐貳有才官一員典守城上一應器用隨時給發

一分屯守城池之兵於各門附近寺觀無寺觀者近門公廨屯劄

一請鄉官分守各城門各就其家近便與情之合者分配

一設法大戶米穀進城

一設法守城物料進城

一查修城屋城門閘板製造城堞燈架燈籠

一城中先計道里適均定作十二處派定地方其處其處止分遣省祭雜色等官十二員每一員率領火夫五十名屯處所分地方庵院中給與水桶水斗撓鈎等項以防一方火患假如某方火起止許信地火

夫救護撲滅城上人夫不許亂動城中居民亦不許
喧嚷奔走擾亂地方仍給虎頭火牌一面上書專委
救夫與夫禁緝擾亂地方等字樣以專委任亦便夜
間救火執照以開巷門其火夫着各該啚舉報極貧
人戶每名日給米二升自贍共計火夫六百名每日該給米十二石通計一月不過用米三百六十石此法一行名雖救火實則處置饑民得所
一賊將臨城先集保長給與連坐信牌使之各保自
行曉諭各甲自相糾察如有容留奸細者一甲連坐
軍法重罪不得與平時止坐直日者輕罪例論其寺
觀給與住持使各房互相糾察待賊一退即收信牌

不准此例及令開時着官一員先刻小牌計在城甲數每甲一張印完以便臨時給發

一盤詰奸細之法差官帶領知事人役在城門外吊橋邊逐一仔細認辨各色人并檢驗物件用衛官一員有精力教官一員省祭雜色官一員兼領其事守門官員再行查驗不可但恃官廳爲盤詰之地

一各城樓及對城外衝要之處各置佛郎機一座隨用裝火器二人帶火藥一桶備急用其城樓下預置合用火器鋒利器械弓矢及堅固防牌使賊臨城隨取隨足官廳庫中置放石灰油燭火藥等項備用若

庫中封識不盡更用沿近居民空房一二間封鎖亦可須差官一員常時看取給發

一打牲船上弩矢百發百中此船吳淞江陽城湖陳湖太湖水鄉多有之着各區啚報舉入城不許容隱其人官府照餐兵口糧給與工食計名分派城上要緊去處有功仍加重賞　籌海圖編

海防纂要卷之十一

海防纂要卷之十二

黎陽王在晉明初甫纂

功令

功次通例

嘉靖十四年議准令後凡遇各邊獲功巡撫官務即委該道官親詣戰陣地方查勘轉送巡按衙門體勘是實即便如式造冊　四十二年令各處巡按御史今後勘報功次大功限兩月以裏小功限一月以裏不許稽遲　隆慶五年題准如遇大舉官軍交戰巡按御史移住近地督併稽查零騎對敵斬獲該道親

臨紀驗是否眞正仍查對食糧文冊有無姓名無名
者即係買冒革祿不敘仍行究遣如遇家丁隨征獲
功者務審原係何衛所軍民舍餘今頂何軍名糧及
將陣亡員役有無兄弟子孫各明註本名脚下造冊
一留備照一繳部兵部查覈明實覆請陞賞隨將應
陞官旗一面移文該府照舊將勘合徑行各該都司
衛所遵照給帖一面備細開咨都察院轉行原勘御
史查對原冊相同方准授職以後告併斬首陣亡功
級但係年遠不係巳名或故祖父名者備查案冊無
名即係詐冒俱不准理　六年題准九邊官軍獲有

擒斬功次本處巡按御史速行覈實一面查收貯庫撫按贓罰或別項應動銀兩就將願賞者照數給賞一面速將覈冊奏繳兵部即行題請陞賞候禮部送銀到部兵部即便差官齎送以補前數其一應動支補還出入之數俱聽巡按御史徑自查理造冊交代督撫官不許干預巡按先將應動銀兩具數奏知沿海腹裏地方賞功銀兩原不由　內府給發各該巡按照九邊例一體先行給賞　又題准各邊海去處除係大敵決勝一鼓成功外其陸續零斬功次覈勘之時寧多擬賞毋多擬陞

凡妄報功次成化二年令官軍妄報冒受陞賞者事發革去仍降原職役一級調衛差操　十四年申明官軍人等爭奪擒斬功次者不許紀錄其詐冒功次者勘問降一級功次不准　弘治十三年奏准臨陣報有斬獲賊級紀功官從公審驗若用錢買及賣者俱問罪係官旗即於本衛係軍即發邊衛民并軍丁人等發附近衛俱充軍若虜寇犯邊官兵明知被虜人口遺棄在彼因而妄殺冒作賊級者與殺平人一體論斷　凡擅殺平人報功其本管將官頭目失於鈐束者量所殺多寡輕則降級調衛重則罷職充軍

俱奏請定奪已上俱出明會典

倭賊功

一各衛指揮千百户獲倭船一艘及賊者陞一級賞銀五十兩鈔五十錠在船軍士生擒殺獲倭賊一人者賞銀五十兩陸地交戰生擒殺獲一人者賞銀五十兩見會典洪武二十九年

一凡水陸主客官軍民快臨陣斬首有名真倭賊首一名顆者陞授三級不願陞授者賞銀一百五十兩獲真倭從賊一名顆并陣亡者陞實授一級不願陞者賞銀五十兩獲漢人脅從賊一名顆者陞授署職

一級不願陞者賞銀二十兩如在海洋遇賊有能邀擊沉匿船隻或追逐登山使賊不得近港如賊近港有能奮勇堵截使賊不得登岸如賊既登崖有能衝鋒破敵奪其聲勢追出境或逼下船使地方不致被禍或所步兵少而擒斬多者均以奇功論聽總督郎時具　題紀功巡按作速勘報超格陞賞嘉靖三十五年題准

一萬曆四年四月本部覆總督兩廣軍門兵部左侍郎凌　題一議征倭水陸各路主客官軍民快人等如遇聚止五百名以上大勢倭賊一鼓蕩平以寡擊衆力戰成功者列爲第一等内擒斬有名眞倭賊首

一名顆者陞實授三級不願陞者賞銀一百五十兩
獲眞倭從賊一名顆者止賞銀十五兩獲漢人脅從
一名顆者止賞銀五兩各不必議陞如賊數不多易
于取勝獲功者列爲第二等內獲有名眞倭從首一
名顆者陞實授一級不願陞者賞銀五十兩獲眞倭
從賊一名顆者賞銀十兩獲漢人脅從一名顆者賞
銀四兩各不必議陞若賊分䑸流刧及敗後散遁零
星擒斬者列爲第三等內獲有名眞倭賊首一名者
賞銀二十五兩不願賞者陞署一級獲眞倭從賊一
名顆者賞銀五兩獲漢人脅從一名顆者賞銀二兩

各不必議陞如漢人勾引倭夷爲患積惡著名者其罪較之有名倭首猶爲深重比照前項擒斬眞倭賊首等則一體陞賞

一萬曆六年九月内本部覆巡撫浙江兵部右侍郎徐　題自本年以後海洋擒斬倭功不拘外洋登岍賊至五百名之外船至十隻以上爲第一等所獲有名眞倭賊一名顆者陞實授三級獲眞倭從賊一名顆者陞署職一級不願陞者賞銀二十五兩若二名顆者陞實授一級不願陞者賞銀五十兩獲漢人脅從賊一名顆陞署職一級不願陞者賞銀二十五兩

賊至三百名之外船至五隻[illegible]為二等所獲真倭從賊三名顆者陞署職一級不願陞者賞銀三十五兩如不及數二名顆者賞銀二十兩一名顆者賞銀十五兩獲漢人脅從賊三名顆者賞銀二十兩二名顆者賞銀十五兩一名顆者賞銀十兩若賊不過數十人船不過一兩隻及敗後散遁零星擒斬者獲有名真倭賊首一名顆者賞銀二十五兩不願賞者陞署職一級獲真倭從賊一名顆者賞銀十兩獲漢人脅從賊一名顆者賞銀五兩諸色人等冒功買功者悉照律例問遣

一議倭功等第查得一會典倭功擒斬陞賞俱照擒斬北虜事例後嘉靖三十等年倭寇猖獗又定爲登岸賞格覩　會典反加萬曆四年六年議始定爲三等但中間輕重失倫混淆無次合無將前項功次通融議擬以後如賊七八百人以上至千人船十餘隻以上至二三十隻擒斬有名大賊首如先年王直毛海峰曾一本林鳳之類每一名顆陞實授三級不願陞者賞銀一百五十兩擒斬眞倭從賊一名顆者陞實授一級不願陞者賞銀五十兩擒斬漢人脅從賊一名顆者陞署職一級不願陞者賞銀二十五兩若

二名顆者當一級以上爲第一等須賊勢大舉血戰成功者方許開列其餘不得擅擬賊至三百人之外船至五隻以上擒斬賊首一名顆者陞實授一級不願陞者賞銀五十兩所獲眞倭從賊一名顆賞銀十五兩每三名顆當一級不及數者給賞不陞所獲漢人脅從賊一名顆賞銀十兩多者加賞不陞以上爲第二等須對陣廝殺兩相鏖戰者方許開列如賊不過百餘人船不過一兩隻賊首不過是一船主非巨賊也能斬獲一名顆者賞銀十五兩眞倭從賊一名顆者十兩漢人脅從賊一名顆五兩通不議陞以

上爲第三等著爲定例萬曆十二年題准

中傷功

一凡官軍陣傷聽將沿身某處所傷瘡口長濶淺深分寸從實開報紀功官處不許將舊傷冒作新傷候驗實紀錄臨期定擬輕重等第奏 請陞賞如無紀功官員開報鎮守總兵巡撫官處公同驗實總於巡撫處造冊奏繳行令巡按御史覆勘相同陞賞兵部題准

一重傷回營身故陞署一級不願陞者賞銀十五兩兵部題准

倭賊領軍功

一征剿倭賊領軍官部下獲功如武將自守備把總以下文官自海防民兵同知以下所領軍民兵勇五百名部下臨陣擒斬倭級每五名顆陞一級十名顆加一級領兵一千名部下擒斬每五名顆陞署一級十名顆陞實授一級各以則例遞陞至三級而止兵部題准

一萬曆四年本部題一議海洋功次各領兵官若所獲之功係稱第一等者都司遊擊以上官當時身親督陣部下斬獲一百顆以下即為奇功陞署一級三百名顆以上陞實授一級守備千把總以下官部兵

五百名擒斬每五名顆陞一級十名顆加一級部兵一千名擒斬每十名顆陞一級二十名顆加一級至三級而止俱准世襲不及前數者不陞各項真正奇功方與勘錄零星功次不許混入奏數

一萬曆四年本部題議領兵官都司遊擊守備以上仍前不許報功若把總以下將領果能身先士卒破敵摧鋒斬獲首功爲衆知見者准與照級陞賞

軍職獲功贖罪

一軍職爲事問擬充軍已到衛所收伍奉文立功贖罪者指揮擒斬四名顆千戸三名顆百戸二名顆俱

准贖罪仍復本職若指揮獲功三名顆者止得復副
千戶獲功二名顆止得復試百戶指揮千百戶各獲
功一名顆俱准贖罪開伍不給冠帶許回原衛所閑
住願在邊方立功者聽若係領兵部下獲功每五名
顆亦准一級本身不許報功此外已經揭黃永不襲
替及犯永遠充軍次房巳襲祖職者並不許援此為
例朦朧准贖致紊選法如未經發遣着伍奉文立功
贖罪亦照前擬各遞加一名顆方許贖罪復職若犯
調衛并立功贖罪不拘巳未發遣如烟瘴衛所親自
擒斬二名顆附近衛所並立功徒罪一名顆俱准贖

罪回衛還職不許輙自奏告赴邊方立功以撓　國
法
一議充軍獲功贖罪查得邦政條例一款軍職爲事
問擬充軍已到衛所收伍奉文立功贖罪者指揮親
自擒斬四名顆千戶三名顆百戶二名顆俱准贖罪
仍復本職若指揮獲功三名顆者止得復副千戶獲
功二名顆者止得復試百戶指揮千戶百戶各獲功
一名顆俱准贖罪開伍不給冠帶許令原衛所閑住
愿在邊方立功者聽若係領兵部下獲功每五名顆
亦准一級本身不許報功此外已經揭黃及犯永遠

充軍次房已襲祖職者並不許援此爲例朦朧准贖致紊選法如未經發遣着伍奉文立功贖罪亦照前擬各遞加一名顆方許贖罪復職夫終身充軍果能臨陣斬首計數多寡止應開伍或復職回衛乃今既得開伍復職往往又冒買賊級必俟加陞方回原衛是發遣之明例反爲陞官之捷徑也永遠充軍贖罪原指未經發遣奉有明文者而言乃今不分已未着伍曾否奉有明文一槩通同將領詐冒功次朝方着伍夕即寧家是永戍之重法反爲脫罪之倖門也合無今後軍職問擬終身充軍已到衛所着伍立功者

俱照舊例贖復原職外其獲功多者止加筭加賞不許再行議陞永遠充軍不拘已未發遣一槩不准贖罪若果有勇力超衆真能臨陣破敵擒斬有功者候巡按御史覈實照軍人斬首事例以次加陞即註充發衛所不許援引終身軍例告回原籍萬曆十二年題准

旗舍民兵人等獲功贖罪

一旗舍餘丁民兵人等爲事問擬充軍立功徒罪不拘已未發遣奉文立功贖罪者如永遠充軍親自擒斬三名顆終身軍二名顆立功徒罪一名顆俱准贖罪開伍餘照例加陞若舉監生員吏典有犯充軍立

功徒罪照依前擬止准贖罪開伍功多照例扣賞永
不許復役

陣亡功

一一家陣亡二三人者陞二級見會典永樂四年

一父在而子孫隨軍陣亡別無應繼者陞其父二級
見會典景泰四年

一擒斬賊級爲首并陣亡者俱陞一級給賞見會典
天順元年

一夜不收出境哨探被賊殺死者陞賞依陣亡例奪
去馬匹免追見會典成化六年

一官軍陣前當先殿後斬將奪旗斬賊首等項立有奇功後又陣亡者子孫襲陞三級仍立祠加祭廕子若止是衝鋒陣亡生前不曾立有奇功者襲陞二級如不係衝鋒破敵止照陣亡事例襲陞一級見成化十四年

一諸司職掌凡武官沒于　王事照依生前職事加贈二等死于鋒鏑者照依生前職事襃三等

一陣亡官員與哨探被賊殺死夜不收墩軍人等俱陞一級如不願陞者賞銀三十兩陣亡年遠該陞二級准與一級該陞一級准與終身冠帶及都指揮陣亡只與襲指揮使都指揮以上流官不准襲陞文官

陣亡許令兒男入監肄業成化十四年題准

一嘉靖七年該工科給事中夏言等題本部覆若親叔兄弟原無祖職自立軍功累至指揮而陣亡者例該加陞流官一級若無子承繼其兄弟叔侄既得承襲之官又得加流之職委無太過合無今後凡弟侄承伯叔兄職事除祖父原有官職者照舊加陞其伯叔兄弟自立軍功累至指揮使以上陣亡者應襲之人止許承襲指揮使本身加贈一級係都指揮陣亡者仍加祭一壇永爲定例其褒贈賜祭臨時酌量上請定奪奉

聖旨是准議行

一都指揮及指揮使陣亡者承襲之人不拘子孫弟侄只襲祖職止於指揮使若原職指揮使以下軍功有應減革者准加筭疊陞亦至指揮使而止嘉靖二十五年題　准

一嘉靖三十六年本部題看得浙江溫州衛舍人祁雲龍伊父祁嵩原襲指揮使爲事叅降指揮僉事又爲事叅問立功今陣亡奉有前項　欽依應襲兒男襲陞世襲二級本舍係嫡長男保送前來今將本舍照例於祖職指揮使上加伊父陣亡二級與襲都指揮同知以後子孫襲替仍照前例止許承襲祖職指

揮使奏　聖旨是
一議得夜不收類皆極貧雖親自斬首多不願陞止
求給賞若孤男寡婦得數十金爲糊口聊生之需合
無將出境哨探被賊殺死夜不收有子孫不願陞者
卽時賞銀三十兩嘉靖三十一年本部題准
一查得先年棗强知縣段豸與大勢强賊劉七等對
敵被賊殺死奏　世宗皇帝聖旨段豸率領民兵登
城禦賊親冒矢石不避難險賊已剉衂但衆寡不敵
力盡被害義烈可嘉特贈太僕寺少卿與祭一壇仍
着有司立祠春秋祭祀還廕他男一人做錦衣衛世

襲百戶欽此　又查得崇明縣知縣唐一岑領兵迎
戰倭賊殺死節奉　聖旨唐一岑死事可憫准贈光
祿寺寺丞立祠廕子准行欽此俱經通行欽遵外該
本部議得知縣王鈇叅政錢泮身統孤兵手刃逆賊
忠貫金石氣作江河見危授命其志可憫等因題奉
聖旨這各官奮不顧身追賊敵戰死事可憫王鈇贈
太僕寺少卿錢泮贈光祿寺卿各賜祭一壇還各廕
一子與做錦衣衛世襲百戶立祠依擬行嘉靖三十四年題
一自嘉靖三十二年以後至四十二年以前凡係家
丁名色陣亡除應襲子孫照舊襲陞外若以伯叔弟

廕冒併者候襲替之日一體查革其未經併陞者雖係陣亡之人嫡親子孫亦不准併蓋武職襲替違限十年之外例尚革發況此陣亡年久必係故絕尤當盡爲詐銷萬曆元年題准

一萬曆四年十月内本部尚書譚　題内開稱同一陣亡而陞襲事例或與或不與却有不同指揮使以下子孫得延襲無論矣副總兵以上近得比例廕一次男　恩典頗隆遵照有據獨指揮使陣亡陞級謂其爲流官而不准世襲其間奉有　欽依世襲字樣者亦止許襲一輩以後通行查革是在指揮同知下

逮卒伍陣亡者皆以世官得襲在副總兵總兵則以
流官得破格優恤獨此指揮使應襲陞都指揮者拘
於流官不世襲之說豈其官階之崇而死顧不足恤
耶情既未通法亦欠備合無將先年事例稍加叅酌
遇有指揮使挺身赴敵殞於陣前除給本身恤典及
長男承襲祖職外仍取次男一人與做冠帶總旗查
係生前有功死難獨憐者與做試百戶俱世襲如無
次男即取長男下次孫承襲奉 聖旨是
一萬曆五年四月本部尚書王 題 准是今以後
旗軍舍餘人等陣亡有子者照例陞補無子者比照

武職事例追贈一級舍餘軍丁追贈冠帶小旗小旗
追贈冠帶總旗總旗追贈試百戶其同籍兄弟叔侄
不論親疎俱不許併加陣亡之級
一萬曆十七年五月內本部題一議指揮陣亡查得
弘治十六年題　准指揮使陣亡者子孫准襲陞都
指揮僉事流官一輩以後查革又查得萬曆四年本
部題　准指揮使挺身赴敵殞於陣前除給本身恤
典及長男承襲祖職外仍取次男一人與做官帶總
旗查係生前有功死難獨憐與做試百戶如無次男
即取長男下次孫承襲二例並載向未歸一及查指

揮同知以下陣亡者止陞世襲一級今指揮使陣亡另取次男授總旗則二級試百戶則三級似加恩太過若有次男止長男陞襲都指揮僉事似報功太輕合無酌議以後指揮陣亡止有長男長孫者仍止襲陞都指揮僉事一輩若有次男次孫另廕一人與做小旗其生前有功死難獨憐與做冠帶總旗俱准世襲若本枝故絶前枝止襲祖職其陣亡加授不得另襲

已上俱邦政條例

優恤成規

一斬獲首級功多于陣亡有的祖父母妻子者每名

賞銀八兩止有伯叔兄弟房族者賞銀四兩

一斬獲首級功少于陣亡有的祖父母妻子者每名賞銀四兩八錢止有伯叔兄弟房族者賞銀二兩四錢

一全勝收功遇有在船在營出戰損失兵士一名與功多例賞

一全然無功反被焚溺殺死謂之敗兵每名不論有無親人賞銀三兩二錢

一戰而有功重傷幾死者每名賞銀三兩二錢無功重傷者賞銀一兩六錢

一戰而有功輕傷者每名賞銀一兩六錢無功輕傷者不賞

一陸營出汛遇有操演哨探銃砲失馬悞傷因而致死得真者每名賞銀一兩六錢

一水兵出汛會哨卒遇風濤不測致有損失每名賞銀一兩六錢已上係都御史高　批允按察司議

禁下海通番律例

私出外境及違禁下海

凡將馬牛軍需鐵貨銅錢段疋紬絹絲綿私出外境貨賣及下海者杖一百挑擔馱載之人減一等物貨

船車並入官於內以十分爲率三分付告人充賞[illegible]
將人口軍器出境及下海者絞因而走泄事情者斬
其拘該官司及守把之人通同夾帶或知而故縱者
與犯人同罪失覺察者減三等罪止杖一百軍兵又
減一等大明律

一洪武二十二年令守禦邊塞官軍如有假公事出
境交通及私市易者全家坐罪會典

一凡守把海防武職官員有犯受通番土俗哪哒報
水分利金銀物貨等項值銀百兩以上名爲買港許
令船貨私入串通交易貽患地方及引惹番賊海寇

出沒戕殺居民除真犯死罪外其餘俱問受財枉法
罪名發邊衛永遠充軍
一凡夷人貢船到岸未曾報官盤驗先行接買番貨
及爲夷人收買違禁貨物者俱發邊衛充軍
一凡沿海去處下海船隻除有號票文引許令出洋
外若姦豪勢要及軍民人等擅造二桅以上違式大
船將帶違禁貨物下海前往番國買賣潛通海賊同
謀結聚及爲嚮導劫掠良民者正犯比照謀叛已行
律處斬仍梟首示衆全家發邊衛充軍其打造前項
海船賣與夷人圖利者比照私將應禁軍器下海因

而走泄事情律爲首者處斬爲從者發邊衛充軍若止將大船雇與下海之人分取番貨及雖不曾造有大船但糾通下海之人接買番貨與探聽下海之人番貨物來私買販賣蘇木胡椒至一千斤以上者俱發邊衛充軍番貨並入官其小民撑使单桅小船給有執照於海邊近處捕取魚蝦採打柴木者巡捕官旗軍兵不許擾害

一私自販賣硫黃五十斤焰硝一百斤以上者問罪硝黃入官賣與外夷及邊海賊寇者不拘多寡比照私將軍器出境因而走泄事情律爲首者處斬爲從

者俱發邊衛充軍若合成火藥賣與鹽徒者亦問發邊衛充軍兩隣知而不舉各治以罪

一凡官員軍民人等私將應禁軍器賣與進　貢夷人圖利者比依將軍器出境因而走泄事情者律斬爲從者問發邊衛充軍已上係問刑條例

一凡沿海軍民私往倭國貿易將中國違制犯禁之物餽獻倭王及頭目人等爲首者比照謀叛已行律斬仍梟首爲從者俱發烟瘴地面充軍

一凡姦民希圖重利夥同私造海船將紬絹等項貨物擅自下海船頭上假冒勢宦牌額前往倭國貿易

者哨守巡獲船貨盡行入官爲首者用一百斤枷枷號二箇月發烟瘴地面永遠充軍爲從者枷號一箇月俱發邊衛充軍其造船工匠枷號一箇月所得工錢坐贓論罪

一凡豪勢之家出本辦貨附姦民下海身雖不行坐家分利者亦發邊衛充軍貨盡入官

一凡歇家窩頓姦商貨物裝運下海者比照竊盜主問罪仍枷號二箇月隣里知情與牙埠通同不行舉首各問罪枷號一箇月發落

一凡關津港口巡哨官兵不行盤詰縱放姦民通販

倭國者各以受財枉法從重究治

一凡福建浙江海船裝運貨物徃來俱着沙埕地方

更換如有違者船貨盡行入官比照越渡沿邊關塞

律問罪其普陀進香人船俱要在本籍告引照身關

津驗明方許放行違者以私渡關津論巡哨官兵不

嚴行盤詰者各與同罪已上係刑部議覆新例萬曆四十年六月題准

考察

一考察官捕查得寧紹二區水陸各營哨官捕盜者

民隊什長爲兵軍領袖必須誠實精壯者充之庶克

有濟該副使劉　訪得各役因循積弊踵襲利規中

閒守法者固不盡無其虛兵冒支貯糧侵盜放債賭
博扣剋賣閑侍備束兵指一科十種種奸弊不可勝
言以致老弱瘋病之人互相蒙蔽坐食廩糧就經行
據各總呈解前來逐名點閱考察除事犯稍輕者量
行責成姑准留用令其省改有顯過者重責與老弱
疾病者一體革退另撥其過惡多端者發府究問以
後每年防過大小二汛畢日一體送考通行備由於
萬曆元年十一月內呈奉督撫軍門方　巡按御史
蕭　批准著為定規每年防過二汛一體取考向在
遵行

一考察官捕查得沿海各區水陸官目每年於防汛畢日聽海道鎮參會同考察賞罰以昭勸懲續於萬曆十五年爲酌考察以便訓練事奉督撫部院溫憲牌自後俱三年大汛畢通行考察遵又奉明文每汛期軍門撫臨行取官目賢否文冊考覈至汛畢日聽候詳示分別去留并應戒應獎等項遵行在卷

萬曆三十八年六月浙江督撫軍門高　爲軍務事照得大汛既畢往年例將各官役槩行考察分別汰革戒飭本院看得兩汛畢日有年終舉刺賢否已經確訪不數月而課殿隨之不但人人自危無久圖無

固志而多視亦能亂明多訪適以亂聽是多一事不若省一事之相安也合行遵照并行申飭牌仰該道移行兩將官曉諭各總哨等官精勇隊什等役使知本院體恤至意素著賢能者務要愈加激勵一乃心力以期有功即偶有微疵小過者務宜猛然省改克蓋前愆以圖後効免行一番訪察儻有過蹟顯著或違禁需索指官科斂爲營伍蠹及疲弱老疾掛名充數佔役冒餉罔裨行伍者該道時常體訪據實不時揭報以憑究革又未可以姑息養奸儻不肖者或恃法疎而肆志本院別有所聞定從重處斷不假借俱

毋違錯今止年終甄別舉刺汰革汛畢免考察

輯祭禱說

王鳴鶴曰禮制有五軍居其一蓋上而社稷下而生靈安危存亡實係焉斯其所關于國家至重也故禡牙之禮始于王制歷代以還凡有軍輿莫之敢廢非爲瀆祀非爲諂神爲社稷生靈重厥典爾前代舉行未暇悉考恭覩我 二祖開基定鼎之後大纛神旗歲時有祭載在 會典國憲昭然及虎鈐武經所載祝告之詞類各不同俱有成式乃備輯茲篇以便仗鉞專征者遵行毋忽云且易有之聖人以神道設教

夫幽顯殊途而感孚則一耿恭拜井而井涌孔明祭風而風應卒以解城中之圍奏江上之捷非特感格乎神明而亦以鼓舞乎衆志機則然也司寄者其尚審之哉

出軍誓衆文

有虞氏誡于國夏后氏誓于軍商人誓于軍門之外周人將交刃而誓所誓不同吾從周之誓曰惟天至仁亭毒萬物其有逆於道德者激霆以震之惟神至幽游息六氣其有淫於禍亂者潛靈以殛之惟王至明順卹九服其有悖於教化者興師以察之此其同

條而共貫者也是知君天下者揮長戈以賓不臣未爲不善也滌穢滓以廣王化未爲不嘉也今孽虜不庭亂常反德吾爲天子恭行天討誓剪大憝決垂元功旣出凶門巳卽敵境咨爾衆士用命賞于祖弗用命戮于社生死榮辱在是一舉勿使自顕爲邦之羞爾其勉之爾其勉之

軍祭

成平四年詔禮官詳定禡于所征地之禮付北面總管其禮除地爲墠以祠黄帝軒轅氏用羊豕代太牢都總管爲初獻餘用舊儀其牙神纛神兵以一少牢

其幣牙以白纛以皂用剛日以漆器當饌祠之於壇統以青繩覆以幄幕置軍牙大纛位方七寸厚三分亦三獻釁鼓以一豕祠官皆戎服清齋一宿舊法兼祭風師祭雨師祭馬師其薦獻亦用牲牢酒脯香幣如上儀惟風師磔犬以爲牲祝文曰維某年某月某日將師具官稱姓名某以某物之奠致祭于某神凶黨首難干紀亂常毒流生民罪在不赦受命徂征恭行天討殄寇克敵惟神是助尚饗一說祭毘沙明天王有祠貌則就其祠無祠則望北爲位設香燈蘋泉漫楊枝乳粥酥蜜餅食之屬三軍首路之日則祭道路神以車犯較祭禮放城外之首路封土爲山形蒲芻棘栢爲神主祭儀牲幣皆准上祭畢以車轢

之而過謂之犯較軍在道路凡遇名山大川百神祠廟皆遣官以酒脯祭告

醫藥類

凡行兵出遠方爲風雨所侵頃刻發寒發熱頭痛拘攣再胗其左手人迎脉大如氣口此係外感無疑須用後方二三劑以表其風邪必使汗出如雨直至脚上有汗次日熱退身凉切不可喫飲食不則再服二三貼即愈

發表方

防風二錢去蘆 曼京子二錢研 撫芎三錢 荆芥三錢

乾葛二錢　明天麻煨三錢　升麻一錢五分　知母二錢
薄荷二錢　甘草一錢　半夏二錢
分三貼每貼姜三片葱頭三箇水二鍾煎八分食
遠熱服査再煎

治瘧疾初發服此方四五貼即愈
紫蘇四錢　青皮麩炒三錢　蒼朮姜炒四錢　半夏四錢
乾葛五錢　香附子三錢　川芎四錢　陳皮三錢
分五貼每貼姜三片葱頭三箇水二鍾煎八分食
遠熱服忌魚醒生冷等物

治痢疾初發方

柴胡二錢去蘆　檳榔二錢　白芍藥二錢酒炒　木通二錢

車前子二錢　黄芩二錢酒炒　川黄連二錢姜炒　甘草一錢

陳枳殼二錢麸炒　分三貼每貼姜三片燈心十根水

二鍾煎八分食遠溫服忌油膩生冷等物

此方遇痢疾初發之時服此數貼以分利水穀輕者

即愈必須以積滯俱止乃可或服此更重乃是暑深

非此藥所能愈宜服後方

川黄連五錢去毛　川大黄八錢　白芍藥七錢　朴硝四錢

分三貼姜三片水二鍾煎八分通口服服此三貼

以大便瀉去積滯爲度不拘紅白積俱是熱毒並

以此藥治之無疑

服前方分利并瀉藥久不盡愈者宜服此方三四貼以調胃養血爲主無不大効

川黃連三錢　白芍藥三錢　川當歸二錢五分　白朮三錢

人參三錢　木通二錢五分　陳枳殼二錢五分

甘草一錢五分　車前子三錢　分四貼每貼姜三片燈心十根水煎溫服　已上係建德唐鑑定方

疫氣諸病捷說

古者行軍必急醫藥蓋結營必依山川每犯山嵐海氣兼之霜雪風雨奔走罷勞沍寒酷暑野屯露宿泉

人氣穢交蒸疫病易起不服水土霍亂瘧痢愴悴有病不暇安卧調理必須預備藥餌藥雖數種醫者須擇隨營聽用審証診脉變通加減引而長之可以應變無窮用之有法投一匕則起一人十匕則痊十人是亦臨戎不可缺者也

治法

疫病初起一二日頭疼身熱骨節疼用芎蘇散發散而愈若兼有飲食停滯嘔吐等症用藿香正氣散

芎蘇散　治疫病頭疼身熱骨節痛傷風等症

川芎十兩　紫蘇一斤　陳皮十兩　茯苓十兩　甘草十兩

乾葛二十兩　半夏十兩　柴胡二十兩　枳殼十七兩　桔梗十兩
香附炒十兩　冬加麻黃白芷各八兩　共爲末每
用兩許一七姜葱湯送下衣覆取汗

藿香正氣散　治四時不正之氣寒疫時氣山嵐瘴
氣雨濕蒸氣或中寒腹痛吐利中暑冒風吐瀉中
濕身重不伏水土飲食停滯嘔吐無汗等症
藿香二十兩　蒼朮炒一斤　厚朴炒一斤　陳皮一斤　半夏一斤
茯苓一斤　白芷一斤　桔梗一斤　紫蘇一斤　甘草十兩
大伏皮一斤　共爲末每用一兩七姜湯下

霍亂　暑月霍亂益元散凉水調灌　冬月炒鹽湯

灌之　因食霍亂霍香正氣散主之　中寒霍亂

吳茱萸鹽炒煎服再用茱萸煎熨臍下

益元散

滑石六兩　甘草一兩　共爲細末

萬疾解毒丹

山茨菇去皮洗焙二兩　文蛤一名五倍子搥破洗焙二兩

千金子去殼揀色白者紙包研去油成霜一兩　紅牙大戟一名紫大戟洗焙一兩五錢　麝香三錢研

右製法宜端午七夕重陽或天月德黃道上吉日

修合量藥多寡預期數日前主人及醫者俱齋戒

沐浴於靜室焚香將前五味各爲極細末重羅兩遍依方用糯米濃飲調和于木臼內杵千下極光潤爲度每錠重一錢每服一錠病勢重者連服通利一兩行用溫粥補住治一切飲食藥毒蠱脹瘴氣惡菌河豚死牛馬駝驘等諸毒並用涼水磨服南方蠱毒瘴癘傷人纔覺意思不快即磨服一錠或吐或利隨手便愈癰疽發背對口天蛇頭無名疔瘇楊梅等一切惡瘡諸風隱㽽赤瘇未破及痔瘡並用無灰淡酒磨服及用涼水調塗瘡上日夜各數次覺痒立効已上俱登壇必究

兵瘴

凡屯兵聚衆停住多時氣息相蒸遂成疾病往往死者十有百數此名兵瘴用之常藥更不能治余別得法并治藥方萬不一失

治瘴方

用髑髏三枚當處燒之令軍卒聞其臭氣入鼻其瘴自退

又方

取骷髏燒灰細研用冷水調服一錢即愈

又方

取髑髏共青布等分燒烟薰鼻中待惡水滴盡即愈

疫瘴不染方

凡欲入病人家先以水磨雄黃塗兩鼻孔雖與病者同牀亦不傳染如倉卒間無雄黃觀病人出後即以紙條嚏去鼻中毒氣亦不害

治時氣病方

取頭髮燒灰存性共豬脂和服二錢即愈凡燒灰存性須去不淨頭髮

療渾身腫方

取馬糞蒸令微熱覆於身上即痊

又方

用鹽於腫身塗之

治中刀鎗血出不止

剪牛馬毛燒灰存性敷之立止

軍中倉卒無藥其餘藥物術數蓋非軍中急得此乃兵家之妙術也已上俱神機制敵

折傷金瘡說

夫折傷者謂爲物所傷於身體或犯刀斧或墜墮險地或爲撲跌傷筋挫骨損皮破肉遂致傷生有死血

出不止者有瘀血停積於臟腑結而不散者治之不早則有入腹攻心之患不可勝言凡遇前症當視所傷輕重如皮未破而內損者必有瘀血停積先宜逐去瘀血然後和血止痛若肌肉裂破流血過多者宜調氣養血兼補脾胃為主大抵失血之脈沉細者生實大者死初傷之時切不可飲冷水亦不可食熱物蓋血得寒則凝滯得熱則妄行至于所忌暴怒勞力過飲房勞悉皆慎之一不慎則未有不死者矣

寸金丹

天花粉三兩　姜黃一兩　赤芍二兩　白芷一兩

右爲末此一方治金瘡重者筋斷脉絕血盡人亡須用繩索及絹帶扎處血路然後用此藥以茶清調敷用軟絹縛之其血立止其腫頻消若金瘡着水番花者可用薤汁調敷瘡口兩傍以火微灸之或用稻稈烟薰之瘡口水出即愈

百草丹　治金瘡

五月五日平旦使四人出四方於五里採一方草木莖葉每種各半把勿令脫漏一葉日午時細切碓擣令極爛仍先揀好石灰一斗同杵之復選大實樹三兩株鑿十竅令可受藥然實于竅中緊閉

之畢用麻油擣石灰䆮泥不令泄氣更以桑皮纏定令牢到九月九日午時取出陰乾百日藥成擣之曝令極乾更擣用絹羅之凡有金瘡傷損血出用藥封裹勿令轉動十日即瘥矣不腫不膿不畏風若傷後數日始得藥須先用溫水洗令血出即敷之此藥大驗如神預多合之金瘡之要無出之者

治金瘡并木石傷損

用好陳石灰六兩研碎篩過錦紋大黃一兩切塊同石灰鍋中炒過紫色爲度去大黃再篩過敷傷

處立效

止痛生肌散　治刀斧傷出血不止

乳香　沒藥　兒茶　桑皮炒　龍骨水飛　石膏煅水飛　黃丹水飛　真三七各等分爲末摻之立止

當歸導滯湯　治重物壓傷或高處墜下或吐血不能禁止或刀箭所傷瘀血在內胸腹脹滿喘促氣短

當歸　大黃各二兩　共爲末每服二錢不拘時童便和酒調服

芎歸湯　治去血過多昏暈之症

川芎五錢 當歸一兩 共爲片水煎臨服入童便酒各一大盃熱下

又方 治金瘡折傷不問輕重以童便一碗入酒半碗煎沸溫服以防惡血攻心之患不飲只用童便

金瘡藥 用馬齒莧韭菜根連須葱陳石灰共調搗爲餅子陰乾爲末乾摻其血即止

又方 用白馬糞不拘多少晒乾爲末凡遇刀斧所傷乾摻其血即止

葱搭法 治撲損傷腫痛

用葱頭切爛炒焦搗搭患處冷則再易止疼消腫

散瘀

治殺傷不透膜者

用乳香沒藥各一錢研爛以小便半盞好酒半盞同藥通口服然後用花蕊石散或烏賊魚骨或龍骨爲末傅瘡口上立止

治金瘡内爛生蛆者

右以皂礬飛過爲末乾摻其蛆即死

治金傷肚腹腸出者

右以避風處用麻油潤手安腸入内以桑皮作線縫之更以熱雞血塗上一夜次用止痛生肌散或

花蕋散敷貼仍用磁石三兩燒紅醋淬七次搗碎研如粉滑石三兩鐵精三兩右爲細末研勻每服一錢七分溫酒調下日進三兩服

治藥毒箭頭在身不出

雄黃細研一分 粉霜細研半兩 蜣蜋四兩研末生用

巴豆三粒去皮殼別研如泥生用 右同研勻以銅筯頭取乳汁塗點瘡上頻頻用之次日瘡熱箭頭自出

又方 治毒箭所中

右搗藍葉汁一升飲之渣傅瘡上若無藍取青布漬絞汁服之并淋瘡中鏃不出搗鼠肝塗之鼠腦

亦得用之卽出

治箭頭不出方

蜣蜋自死者十箇 土狗子三箇 婦人髮灰少許 右將蜣螂去殼取白肉與二味同研如泥用生塗中箭處如膏塗後內微痒卽以兩手蹙之其箭頭自出

治骨中箭頭方

雄黃一分 蜣蜋一分研 石灰末一分 牛糞火燒令赤色 威靈仙一分 朝桂鼠一枚去頭取血 右爲末入鼠血并煉蜜丸如黃米大納瘡口中其箭頭自出

又方 治骨中箭頭

巴豆一枚去殼膩粉一分砒霜少許磁石半兩細研蜣蜋一枚

右爲末以雞子清和丸如菉豆大用生男子乳汁化一丸撥在破處上用醋麵紙封貼常癢癢極不可忍其鏃自出多年者兩上當年者一上鏃即出

破傷風論

破傷風者先有破傷風邪襲入瘡口其症大似傷寒而瘡口驟結白痂是其驗也或發熱或寒熱間作甚則口噤目邪身體彊直如角弓反張之狀死在旦夕矣法當同傷寒處治因其有在表在裏半表半裏三者之不同故不離乎汗下和三法也是故在表者汗

之在裏者下之在半表半裏之間者宜和解之又不可過其法也

羌活防風湯　治破傷風邪初傷在表

羌活　防風　川芎　藁本　當歸　白芍　甘草各四兩　細辛　地榆各二兩　右㕮咀每服各一兩水二盞煎至一盞去渣溫服不拘時量緊慢加減用之熱加黄芩二兩大便秘加大黄一兩緩緩利過

奪命散　治破傷風如角弓反張牙關緊急

天麻　白芷　川芎去皮各二錢　草烏　雄黄各一錢

右爲末酒糊丸如桐子大每服十丸溫酒送下

定風散　治破傷風牙關緊急

天南星　防風　右爲細末破傷以藥敷瘡口然後以溫酒調一錢服如牙關緊急角弓反張用藥二錢童便調下

行軍烟火所傷

凡遇烟火所傷切不可用冷水冷物熱得冷氣則却擊搏爛人筋骨慎之慎之　一方用麻油浸黄蜀葵花付上　一方用爛黄柑汁塗之　一方用多年白螺螄殼火煆爲末瘡破乾摻不破清油調敷　一方

用側栢葉擣爛付上　一方用寒水石大黃黃栢各等分爲末蜜調敷之

冬月手足皸裂

凡士卒冬月涉水一切風雪凌凍所苦手足面目皸瘃血出一方用清油半兩以慢火煎沸入黃蠟一塊同煎候溶入官粉五倍子末少許熬令稠紫色爲度先以熱湯洗火上烘乾即用藥敷上以薄紙貼之

一方用瀝青一兩黃臘一兩共熬攪勻瓷礶盛貯先以熱湯洗令皮軟拭乾將藥用慢火略烘溶付之

一方用茄子根濃煎湯洗過以黃丹爲末猪油調付

救五絕死

一救溺水死者用皂角爲末綿裹塞糞門放大凳卧着脚後凳墊起一二磚用鹽擦鼻中待水自流出切不可倒提出水但心下溫皆可救　一方急解衣帶艾灸臍中令二人以蘆管吹其耳中卽活

一救木石壓死并從高跌死氣絕不能言者取藥不便急擘開口以熱小便灌之　一方豆豉一大盞水兩碗煎三沸去渣服

一救夏月途中熱死者不可用冷水灌沃及以冷物逼外得冷卽死宜移置陰處急取路上熱土於死人

臍上作窩多令人尿溺於臍中又取路上熱土并大蒜同研爛水調去粗灌下

一救冬月凍死及落水中凍死微有氣者脫去濕衣解生人熱衣包之用大米炒熱熨心上或炒竈灰令熱以囊盛熨心上冷則緩之令煖氣通溫以熱酒或姜湯或粥飲少許灌之卽活

一救中百毒急死用甘草同黑豆煎湯灌之　一方以麻油灌之　一方以芫荽根搗爲汁半盞和酒服之

巳上俱登壇必究

海防纂要卷之十二

海防纂要卷之十三

黎陽王在晉明初甫纂

選日門

逐月吉日定局

	正	二	三	四	五	六	七	八	九	十	十一	十二
天德	丁	申	壬	辛	亥	甲	癸	寅	丙	乙	巳	庚
月德	丙	甲	壬	庚	丙	甲	壬	庚	丙	甲	壬	庚
天德合	壬	巳	丁	丙	寅	巳	戊	亥	辛	庚	申	乙
月德合	辛	巳	丁	乙	辛	巳	丁	乙	辛	巳	丁	乙
月空	壬	庚	丙	甲	壬	庚	丙	甲	壬	庚	丙	甲

月恩	丙丁庚巳戊辛壬癸庚乙甲辛
天喜	戌亥子丑寅卯辰巳午未申酉
生氣時陽	子丑寅卯辰巳午未申酉戌亥
要安	寅申卯酉辰戌巳亥午子未丑
普護	申寅酉卯戌辰亥巳子午丑未
驛馬	申巳寅亥申巳寅亥申巳寅亥
六合	亥戌酉申未午巳辰卯寅丑子
天赦	春戊寅夏甲午秋戊申冬甲子
天馬	午申戌子寅辰午申戌子寅辰
福生	酉卯戌辰亥巳子午丑未寅申

活曜	巳戌未子酉寅亥辰丑午卯申
王日	寅寅寅巳巳巳申申申亥亥亥
相日	巳巳巳申申申亥亥亥寅寅寅

逐月直日凶神總局

正二三四五六七八九十十一十二	
天賊	辰酉寅未子巳戌卯申丑午亥
地賊	子子亥戌酉午午午巳辰卯子
荒蕪	巳酉丑申子辰亥卯未寅午戌
大敗六不成	寅午戌巳酉丑申子辰亥卯未
受死	戌辰亥巳子午丑未寅申卯酉

咸池　卯子酉午卯子酉午卯子酉午

蚩尤　寅辰午申戌子寅辰午申戌子

徃亡　寅巳申亥卯午酉子辰未戌丑

正四廢　春庚申辛酉　夏壬子癸亥　秋甲寅乙卯　冬丙午丁巳

傍四廢　春庚辛申酉　夏壬癸亥子　秋甲乙寅卯　冬丙丁午巳

天罡勾絞　巳子未寅酉辰亥午丑申卯戌

河魁勾絞　亥午丑申卯戌巳子未寅酉辰

天地爭雄　巳亥卯子未丑申寅酉卯戌辰　午子未丑申寅酉卯戌辰亥巳

招搖　辰卯寅丑子亥戌酉申未午巳

八風　春丁丑己酉　夏甲辰甲申　秋丁未辛未　冬甲戌甲寅

蛟龍　未申戌申戌丑辰未辰申子巳

龍會　未戌亥亥丑戌丑卯丑未戌卯

滅没　朔角弦虚望九晦婁盈牛虚鬼

九坎　辰丑戌未卯子酉午寅亥申巳

月厭　戌酉申未午巳辰卯寅丑子亥

罪刑　丑丑丑辰辰辰未未未戌戌戌

行船類

行船宜黄道天恩月恩月財天月德二德合要安定

成日壬寅癸卯日合海角經星宿

宜乙丑丙寅丁卯戊辰己巳丁丑戊寅壬午乙酉辛

卯癸巳甲午乙未庚子辛丑壬寅辛亥丙辰戊午巳

未辛酉满成開日

忌建破勾絞天賊地賊受死荒蕪正四廢白浪張宿

觸水龍咸池蛟龍四激招搖殃敗八風危日江河離

子胥死日河伯死日龍神行日風波月水隔日九坎

九土鬼轉殺日大惡時

下海行船日同更宜天祐天恩普護活曜復日

祭水神宜庚午辛未壬申癸酉甲戌庚子辛酉開日

河伯風波日

年子丑寅卯辰巳午未申酉戌亥

河伯日　亥子丑寅卯辰巳午未申酉戌

風波日　子丑寅卯辰巳午未申酉戌亥

水痕日忌行船　大月　初一　初七　十一　十七

二十三　三十日

小月　初三　初七　十二　二十六日

月建爲白浪日　時建爲大惡時

子胥死壬辰日　河伯死庚辰日

觸水龍　丙子　癸未　癸丑日

張宿　丙子　癸未　戊戌　癸丑　乙卯日

海角經　氐　尾　箕　斗　危　壁　婁　胃

昴 畢 張 星 軫 十三宿大吉

室 牛 房 參 井 五宿半吉

許眞君傳授龍神行日不可行船主風

正月 初三 初八 十一 廿五 月盡 龍會

二月 初三 初九 十二 月盡 龍神朝 上帝

三月 初三 初七 廿七 龍神朝 上帝

四月 初八 十二 十七 十九 龍會太白

五月 初五 十一 廿九 天帝龍王朝 玉皇

六月 初九 廿七 地神龍朝 玉皇

七月 初七 初九 十五 廿七 神殺交會

八月　初三　初八　廿七龍神大會

九月　十一　十五　十九龍神朝　玉皇

十月　初八　十五　廿七東府君朝　玉皇

俗忌七九日不行船若先日轉移船頭亦無忌

出兵類

演武宜天月二德兵福兵寶兵吉黃道成開月

比試宜黃道上官天祐恩勝成勳普護福生天馬驛

馬日　前二條俱忌六不成十惡無祿大敗日

班師宜平定成收開旺日及黃道成勳恩勝要安守

成天祐天恩天月二德日

攻取城寨宜巳亥丙寅巳巳甲子甲戌乙未庚戌乙亥巳丑兵寶兵吉除執日　前三條俱忌伐日八專猖鬼敗亡五不歸八絕十惡大敗危日及往亡日

避兵宜黑道大小空亡四廢月虛月空天祐普護活曜生氣要安閉收平定日　忌受死罪刑罪至天地殃敗天羅地網伐日

議和宜黃道天祐天成天月德及合貴人吉人天恩月恩天赦天喜天合五合成除日　忌咸池赤口天災天殃天地爭雄十惡大敗日

捕盜獲逃亡宜乙丑甲戌壬午戊子庚寅辛卯癸巳

乙未丙申丁酉巳亥甲申申收執日　忌每月十五滅
沒歸忌受死天賊咸池九空亡財離歲空魁罡勾
絞月厭亡羸往亡五鬼陰陽錯伏斷九醜五不歸離
寡人民離四絕四離赤口日
出兵征討宜天恩天月德黃道兵寶兵吉恩勝成勲
普護福生驛馬二德合成開干剋支月斗建唐符益
宜用之
宜辛丑丙寅庚子丁卯庚戌丁酉甲午乙丑丁丑日
忌蚩尤天地爭雄凶敗殃敗滅沒受死離絕荒蕪太
歲月建伐日八專猖鬼敗亡五不歸八絕十惡大敗

危日往亡日兵禁日孤虛方九醜日

八專日　丁未　壬子　癸丑　甲寅　乙卯

丁巳　戊午　己未　庚申　辛酉　癸亥

絕日　庚辰　辛巳　丙戌　丁亥　庚戌

辛亥　丙辰　丁巳

猖鬼敗亡日　丁卯　戊辰　壬申　戊申

庚申　戊寅　辛巳　戊戌　庚戌　壬戌

戊子　己丑　辛丑　戊午　己亥　辛亥

六甲孤虛凶方　六甲六己日孤申酉虛寅卯六乙

六庚日孤午未虛子丑六丙六辛日孤辰巳虛戌

亥六丁六壬日孤寅卯虛申酉六戊六癸日孤子丑虛午未

兵禁日　正七月寅　二八月子　三九月戌　四十月申　五十一月午　六十二月辰

干尅支日　宜捕人　支尅干日　宜捕捉

出兵吉日時	季月	春	夏	秋	冬
干旺	戊巳	甲乙	丙丁	庚辛	壬癸
干相	庚辛	丙丁	戊巳	壬癸	甲乙
支旺	辰戌丑未	寅卯	巳午	申酉	亥子
支相	申酉	巳午未	辰戌丑未	亥子丑	寅卯辰

右出兵征討出行據其日值敗絕不旺不相之日宜用旺相時如敗絕日得旺相時亦吉如旺相日得旺相時尤吉若與黃道時同併行其日黃道方則不避孤虛凶方　旺相時者如丙寅日丙干屬火取巳丙黃道支干時用吉餘倣此

秘云出兵以當旬神符掛於竿上以指敵人則敵人自服經曰縱陣莫當吾符魂魄飛而散失若能以此用兵是爲師出以律

十惡大敗日　甲巳年三月戊戌　七月癸亥　十月丙申　十一月丁亥　乙庚年四月壬申　九

月乙巳　丙辛年三月辛巳　九月庚辰　十月
甲辰　戊癸年六月己丑　丁壬年無

太歲及本命生人合忌十惡大敗日
庚戌生年忌甲辰日　辛亥生年忌乙巳日
壬寅生年忌丙申日　癸巳生年忌丁亥日
甲辰生年忌戊戌日　乙未生年忌己丑日
甲戌生年忌庚辰日　乙亥生年忌辛巳日
丙寅生年忌壬申日　丁巳生年忌癸亥日
本命則年年忌之太歲則止此一年忌此一位

天賊日　孟滿仲破季逢開　此日賊從天上來

地賊日　地賊星辰不是由　正七逢開二八收
三九逢危四十執　五十一月向平求　六十二
月逢開位　犯着斯辰有賊偷
天地凶敗日　寅七申八日不用　廿一兩月共
卯八十九日非良　酉二十八防　季春初一與
十二　戌三十六忌　麥秋初九廿五凶　亥二
十四同　午月望日并廿五　十四十五子　未
朔猶連二十期　丑九廿五逢
離窠日　丁卯戊辰巳巳歌　壬申戊寅辛巳過
壬午戊子巳丑是　戊戌巳亥辛丑多　戊申辛

亥戊午日　壬戌癸亥總離窠

九醜日　己卯壬午乙酉是　戊子辛卯己酉地

壬子戊午辛酉朝　九醜上官婚娶忌

九土鬼日　乙酉癸巳甲午日　辛丑壬寅己酉同

庚戌丁巳并戊午　九日有始患無終

逐月大小空亡赤口捷訣

初一每從月建首　周數掌支皆順走　數到本局爲空亡　數到辰戌爲赤口　亥卯未支三箇空　先到大空後到小　經商店肆宜當避　他事吉多俱免忌

五不歸日　己卯辛巳丙戌期　壬辰丙申己酉隨
辛亥壬子丙辰日　庚申辛酉五不歸
大敗六不成日　四孟建日四季破　二馬五鷄八
鼠臨　十一蟾宫玉兎走　大敗原同六不成
四窮日　春乙夏丁爲四窮　秋辛冬癸亥支同
荒蕪九苦八窮　孟平仲破季逢收　最毒子寅巳
戌同　止有埋葬不須忌　其餘百事盡皆凶
四離　四絶　立春立夏立秋冬　先日名爲四絶
踪　更有二分并二至　節前一日四離凶
月虛月殺　寅午戌月看牽牛　亥卯未見犬兒頭

申子辰隨羊伏草　巳酉丑月看龍遊

八絕日　八絕庚辰日　辛巳及丙戌　丁亥庚戌

同　辛亥丙辰出　更有丁巳凶　行兵眞不吉

天地殃敗日　正月每自卯宮起　逆從寅丑子亥

去　一月一支額定然　周回臘月辰支上

六壬赤口空亡起例

正七初一起留連　二八却從速喜先　三九月

初遊赤口　四十之月小吉傳　五十一月空亡

上　六十二月大安前　大安　留連　速喜

赤口　小吉　空亡

伏斷二　子虛丑斗寅嫌室　卯女辰箕巳房凶　午

角未張申怕鬼　酉觜戌胃亥壁同

七殺星日雖遇吉神亦不可用

角亢奎婁鬼牛星　出軍便是不回兵　行船定

被遭風起　爲官未滿亦遭刑　起造婚姻逢此

日　不過週年見哭聲　世人若是避七殺　官

商士庶盡豐榮

楊救貧先生忌用事日

正月十三　二月十一　三月初九　四月初七

五月初五　六月初三　七月初一廿九　八月廿七

九月廿五　十月廿三　十一月二十　十二月十九

八門三奇日方起例定局

甲戊壬子起坎　丁辛乙卯坤方　庚甲戊午震
宮遊　癸丁辛酉巽畔　丙庚鼠行乾位　巳癸
兎走酉方　丙壬騎馬到艮　乙巳雞飛離面

八門吉凶　休生傷杜景死驚開

甲子乙丑丙寅　戊子巳丑庚寅　壬子癸丑甲寅　坎艮震巽離坤兌乾
丁卯戊辰巳巳　乙卯丙辰丁巳　辛卯壬辰癸巳　坤兌乾坎艮震巽離
庚午辛未壬申　戊午巳未庚申　甲午乙未丙申　震巽離坤兌乾坎艮
癸酉甲戌乙亥　辛酉壬戌癸亥　丁酉戊戌巳亥　巽離坤兌乾坎艮震

丙子丁丑戊寅　庚子辛丑壬寅　乾坎艮震巽離坤兌
己卯庚辰辛巳　癸卯甲辰乙巳　兌乾坎艮震巽離坤
壬午癸未甲申　丙午丁未戊申　艮震巽離坤兌乾坎
乙酉丙戌丁亥　己酉庚戌辛亥　離坤兌乾坎艮震巽

八門總論

休門　主任官高遷求財得利百事大吉

生門　主出行見貴得財出軍行師大勝萬事大吉

傷門　主六十里內得見血光兵陣相傷宜求魚捕獵吉

杜門　主遠出必憂求謀不遂出軍大敗凶

景門　主出外逢盜求財不遂出軍大敗凶

死門　主出外遇疾病防失財物出軍行師大敗凶

驚門　主求財不遂防有血光之災定見驚恐大凶

開門　主求財見貴見官陳詞得理萬事大利

又時上小八門出行吉凶詩斷

欲求利市往生方　漁獵須知死路强　若要遠行開戶吉　休門最好見君王　杜門有難宜避

避　捕捉逢驚最得方　索債要從傷路去　思
量酒食景門香已上俱曜仙肘後經及曆書通選

歲月吉凶

太歲者一年之主月將者一月之神其次歲殺其次
月刑其次日刑又其次月殺日殺用兵臨敵不可向
之向者必凶

五將所在

正五九月在東方　二六十月在南方
三七十一月在西方　四八十二月在北方
遁甲經云凡戰鬬背陽德向陰刑則勝

立春後四十五日陽德在辰陰刑在戌宜西北戰勝
春分後四十五日陽德在午陰刑在子宜北戰勝
立夏後四十五日陽德在未陰刑在丑宜東北戰勝
夏至後四十五日陽德在酉陰刑在卯宜東戰勝
立秋後四十五日陽德在戌陰刑在辰宜東南戰勝
秋分後四十五日陽德在子陰刑在午宜南戰勝
立冬後四十五日陽德在丑陰刑在未宜西南戰勝
冬至後四十五日陽德在卯陰刑在酉宜西戰勝

玄女大敗日不可用

春寅午戌　夏巳酉丑　秋申子辰　冬亥卯未

白虎頭日出軍敵人自伏

每月初一初八十八二十六是也

四離日不宜出軍

冬至後一日寒離　夏至後一日暖離

春分後一日土離　秋分後一日木離

用兵須看天兵所在不宜出軍

甲巳日寅方　乙庚日戌方　丙辛日申方

丁壬日午方　戊癸日辰方

八龍七鳥九虎六蛇日不宜出軍

春甲子巳亥日爲八龍夏丙子丁亥日爲七鳥秋庚

子辛亥日爲九虎壬子癸亥日爲六蛇

武侯曰出軍舉衆宜向月煞吉利月煞正月起卯順行十二辰

戰雄方

凡鬬敵背戰雄方擊雌方則勝　春寅方寅日

夏巳方巳日　秋申方申日　冬亥方亥日

戰雌方

春申方申日　夏亥方亥日　秋寅方寅日

冬巳方巳日

五帝所在日不宜向之出軍向之必敗

春東方　夏南方　秋西方　冬北方

四耗日不可攻戰

春壬子　夏乙卯　秋戊午　冬辛酉

四窮日不宜出軍

春乙亥　夏丁亥　秋辛亥　冬癸亥

天敗日不宜攻戰

春辛酉　夏庚子　秋巳卯　冬戊午

四墓日不宜出軍

春乙未　夏丙戌　秋辛丑　冬壬辰

章光日不宜出軍

四孟月乙丑日　四仲月丙寅日　四季月甲子日

占驗門

出軍占候

東方朔云五音姓出軍先觀雲色候好即行候惡即止

宮姓出軍見黑雲大勝赤雲小勝青雲大凶諸雲自如

商姓出軍見青雲大勝黃雲小勝赤雲大凶諸雲自如

角姓出軍見黃雲大勝黑雲小勝白雲大凶諸雲自

如徵姓出軍見白雲大勝青雲小勝黑雲大凶諸雲白

如羽姓出軍見赤雲大勝白雲小勝黃雲大凶諸雲白

如

安營選地

凡安營必須擇勝地左草右澤有山有水山者形勢之山水者長流之水須避汚下沮洳頁防暴雨地有不可居者列之於後

勿居天獄 下中高者 勿居地獄 高中下低

勿居天竈大谷之口　勿居龍頭大山之端

勿居天社高中高者　勿居地社下中下者

勿居空器荒城破邑　勿居宿屍丘墓之處

勿居天柱蘆岈巖林　勿居洞泉新澤之處

勿居天羅高中最高　勿居天隙地下之處

勿居飛鋒戊酉地與滅踪無草木處　勿居天窖曾藏五穀坑穴

勿居蒿社曾立神佛之處　勿居天鎖地圓霆處

避此然後安營隨分多少切須方正小則六十步其次六百步其次六里建十二時辰位一辰立一旗

六甲爲青龍大將居之　六乙爲蓬星鼓角居之

六丙爲明堂士卒居之　六丁爲太陰伏兵居之
六戊爲天門軍門居之　六巳爲地戶小將居之
六庚爲天獄斬決居之　六辛爲陰中判斷居之
六壬爲天倉糧蓄居之　六癸爲華蓋兵器甲仗
居之

下營六甲旬使用名曰六甲營

大將軍居子　鼙鼓居丑　士卒居寅　伏兵居卯　軍門居辰　小甲居巳　斬決居午　判斷居未　糧蓄居申　軍甲器仗居酉戌亥甲戌甲申甲午甲辰甲寅旬竝依前後旬首大將軍以下依次列位

臨敵占候

夫欲兵先定主客平安之時先動者爲主後動者爲客陳兵原野先動爲客後動爲主以高旗爲客低旗爲主先聲音爲客後聲音爲主行者爲客坐者爲主

凡兩軍相向以雲爲龍以風爲虎風雲交則戰不交則不戰龍從東來虎從西來龍勢寬緩客先進虎勢速急主先進大勝

夫占候之法晝則占日夜則占星星者斗也以日爲主以雲爲客敵在東日出之後敵在南日中之後敵在西日入之後敵在北夜半之後雲起處攻之

甲乙所向有白雲不可攻　丙丁所向向有黑雲不可攻　戊巳所向有青雲不可攻　庚辛所向有赤雲不可攻　壬癸所向有黃雲不可攻

五行用陳剋法

敵陣直木吾陳方金　敵陳方金吾陳銳火

敵陣銳火吾陳曲水　敵陳曲水吾陳圓土

敵陣圓土吾陳直木

用兵背生氣擊死氣

生氣者王月居子順行十二辰對冲即死氣二月丑三月寅對宮即死氣

安營卜地

山如鳳凰翅翼開張羣隊千萬挾帶高岡前銜印綬後有回翔

山如飛龍拔曳遠近或驚或懼乍橫乍縱臺閣池澗舞鶴連鴻

山如狗母縮頭拳尾就腹乳兒頂連山首

山如麒麟乍立乍蹲羣隊千萬敵諸數人

山如生蛇或曲或斜後岡前拾隱馬藏車

山如卧牛曲脚拳頭三光内照雨水不流厲帶林壟乍附山丘

山如伏鱉四方無缺濆泉東流元陽不歇三門並起
一户從缺
山如游龍倚伏數重華蓋隱隱映軍芘芘前躍後起
宛若雞籠乘馬俯仰八卦皆通
山如蟠龍玉樓數重宛轉斜曲首尾相從
山如舞鶴翅翼開托胸臆寬平尾盤
右十三之形皆隨其陽吉此乃兵家之秘術
草木不生不可居鳥獸不集不可居古竈墳墓不可
居河水逆流不可居朱雀無頭不可居玄武折足不
可居白虎嘶屍不可居青龍悲泣不可居雖有居之

主將死兵覆兩高名地獄中高名地桂古戰場營壘

右凶地十三處不宜安營

占軍災祥

營地

凡災者軍營地忽有血赤者主敵來攻營急移不移

凶

營中忽生草木者宜速移

營中地忽有鼠螻蟻者主下謀上

營中地忽生蚯蚓者主士卒思歸

營中地忽蚩蟻繚亂者主大戰先舉者勝

營中牙旗忽摧折者主大敗

營中地忽生蜂蠅者急宜移不移主將軍敗

營中地忽生龜蠏者主軍不利大凶宜急移

營中鼓忽鳴主軍敗

營中地忽生毛主敵至宜急移

營中地忽出土錢主士卒謀叛

營中忽生草行如陳者主十日內大戰

營中地忽坼裂者宜速移不移軍敗死

營中地忽陷者主將軍死

營中地忽震動主大戰不出十日軍潰謀叛已上俱神機制敵

風雨占候

一風雨占候蓋軍中占候風雨爲急載諸洪範之庶徵本於太陰之纏度自然推步可驗初非玄奥難知至如日月之薄蝕霾霧之欝蒸星辰之流伏雲氣之變遷觀乎天文以察人事而吉凶禍福如桴鼓影響然此兵家之所宜究心者也況江海操舟衝風觸浪順之則安逆之則危提三軍決兩陳雖天時不如地利而孤虛旺相向背趨避爲將領者不可不知考之孫子曰發火有時起火有日時者天之燥也日者月在箕壁翼軫也凡此四宿風起之日也如正月太陽

在子初一日太陰孕於子謂子朔五月過兩宮即戌位此三日内决有風者月在壁宿是也初十日太陰過申三日内主雨者月離於畢是也十五日太陰過午謂之望十七十八十九太陰過巳及辰三四日内有風者月在翼軫是也廿五太陰過寅二三日内有風者月在箕宿是也廿九三十日太陰復於子謂之晦二月太陽在亥太陰隨之餘倣此大率節候不同弦望亦異節候不同者如立春或在月前月後弦望不同者弦有初七初八初九望有十四十五十六十七是以月之過宮亦有三四日之差其風亦應在三

四日之内質以曆之所推無不驗矣　諺云月兒仰水漸長月兒仄水無滴蓋月有九行青白赤黑各二道皆出入於黃道之中故曰九行道不中而過南則爲陽道道不中而過北則爲陰道行陽道則旱行陰道則潦月借日爲光月生時如仰瓦是行陰道矣如弓弦仄樣是行陽道矣故知旱潦者以此　春夏兩季若遇天氣濕熱其日午後或雲起或雷聲所起之處必有暴風　秋冬兩季之間若四方天色明淨自五更至辰初無變雖有微風不問順與不順可必無妨　雲頭從東方起必有東風從西方起必有西風

南北亦然如前面雲頭已過後面雲脚未盡風亦未止必天色明淨後更無雲然後風止若行雲片片相逐聚散不常其潔白圍繞日光又雲脚黄日色赤雲行急天色黯淡日月昏暈太白晝見衆星動摇並主大風　日暈生雨月暈生風看何方有缺則此方風來　夏秋之交熱極生風及有海沙雲起謂之風潮名曰颶風此乃四方之風有此風必有霖霪大雨同作　防南風尾北風頭南風愈吹愈急北風吹起便大　雲若砲車形起主大風　雲起下散四野滿目如烟如霧名風花主風起　夜間聽九逍遥鳥叫卜

風雨一聲風二聲雨三聲四聲斷風雨　水蛇蟠在蘆青高處主水高漲若干回頭望下水即至望上稍慢至于螻蟻之遷飛蟻之出江豚之見淵魚之躍礎石生潤山川出雲皆可占風雨　月盡無風無雨則來月初必有大風雨俗云廿五廿六若無雨初三初四莫行船春有二十四番花信風梅花風打頭楝花風打末　諺云壬子癸丑甲寅晴四十五日滿天星戊申巳酉連庚戌天上無雲地下濕　每值日干執破多風雨又云執破無雨危承當　凡寅戌二時風雨不久午子二時者頗久若雨至午時偶然日出謂

之雨候其雨通霄大抵東北風多雨西南風多晴惟長安則西風而雨此不可曉　易曰密雲不雨自我西郊蓋陰來求陽而陽不應之故不成雨風雲際會而相從者也凡雲走東北者乃係西南之風必無雨

嘗考李筌作日月合宿大約之法以周天三百六十五度四分度之一二十八宿四方分之東方七宿共七十五度南方七宿一百一十二度西方七宿八十度北方七宿九十八度月二十八日一周天一日一夜行一十三度少强皆以月中氣起例雨水正月中日月合宿在室八度春分二月中日月合宿在奎

十四度穀雨三月中日月合宿在昴二度小滿四月中日月合宿在參四度夏至五月中日月合宿在井二十三度大暑六月中日月合宿在星四度處暑七月中日月合宿在翼十二度秋分八月中日月合宿在角六度霜降九月中日月合宿在氐十四度小雪十月中日月合宿在箕二度冬至十一月中日月合宿在斗二十一度大寒十二月中日月合宿在虛五度每月朔日以夜半推之無不驗也此占風起之例也

大抵倭船之來恒在清明之後前乎此風候不常屆期方有東北風作且多日而不變也過五月有

風自南倭不利於來而便于歸矣重陽後風亦有東北者彼亦可來過十月風自西北亦非倭所利矣故防春者以二三四五月爲大汛九十月爲小汛凡冬夏之交南北風息未定七九月風濤洶湧尤可畏也故舟行者往西以仲春往北以仲夏往東以仲秋往南以仲冬則利涉大川不疾而自速矣海防類考

舟師占驗

按兵法孫武子曰月在箕壁翼軫此四宿者風起之日也向以爲紙上陳言竟未之試茲出汛海外占之多驗值四宿而風不起間或有之起則未有不狂大

者至於忌俗假托於神雖不可攷然亦多合四宿因
擇應驗者俗忌古占刊布俾舟師知所趨避云
正月初二日月在箕　初九日在壁俗云玉皇颶
二十二在翼　二十三在軫　三十日又在箕俗
云龍神會
二月初七在壁俗云春期颶　二十在翼　二十
一在軫俗云觀音颶　二十八在箕俗云龍神朝
上帝
三月初三俗云眞武颶又云拔草颶　初五在壁
初七俗云閻王颶　十五俗云眞君颶　十八在

翼　十九在軫　二十三俗云天妃颶　二十六
在箕俗云諸神朝上界
四月初二在壁　初八俗云太子颶　十五在翼
十六在軫　二十三在箕俗云太保颶又云龍神
于太白
五月初五俗云屈原颶　十三在翼　十四在軫
俗云關王颶　二十一在箕俗云龍母颶　二十
八在壁
六月十一在翼　十二在軫俗云彭祖颶　十九
在箕俗云十二做不透十八做去凑　二十六在

壁
七月初八在翼　初九在軫俗云神煞交會颶
十六在箕　二十三日在壁
八月初六在翼　初七在軫　十四在箕俗云伽
藍颶　二十一在壁俗云龍神大會
九月初四在翼　初五在軫　初九俗云重陽颶
又云九朝風　十二在箕　十九在壁　二十七
俗云冷風信
十月初一在翼　初二在軫　初五俗云五風信
初九在箕　十六在壁　二十九在翼　三十在

軫俗云東嶽朝天

十一月初七在箕　十四在壁俗云水仙颶又云冬至風　二十七在翼　二十八在軫俗云西嶽朝天

十二月初五在箕　十二在壁　二十五在翼　二十六在軫俗云掃塵風

以上十二箇月坐定法也若遇閏正月則看前月大小月大則同前月月小則移前一日初一初八廿一廿二廿九乃四宿之日也餘可類推

定各色惡風

雲横日赤　烟霧四塞　日月昏暈　海面浮赤
雲行如箭　禽鳥高飛　天色昏暗　人身首熱
天色衝高　大魚高跳　海水汾濁　海糠多浮
西南星動　海蛇戲水　無風作湧　無雷海響
青蜓多飛　礁頭亂響　凡此各色　風颶異常

逐月風忌

正月忌七八日風乃北風也
二月忌初二北風
三月忌清明北風
五月忌雪至風以正月下雪日爲始筭至五月乃一

百二十日之内主此風
六月十二日忌　風在前後三四日
七八月　日南風必有北風報之
九月九日　内忌九朝風
十月忌初五風在前後三四日内
十一月冬至風
臘月廿三四掃塵風

占風

秋冬東南風　雨下必相逢　春夏西北風
下來雨不從　汛頭風不長　汛後風雨狂

春夏東南風　不必問天公　秋冬西北風
天光日色紅　長夏風勢輕　舟船最可行
深秋風勢動　風息浪未靜　夏風連夜傾
不晝便晴明　雨過東風至　晚來越添巨
風雨潮相攻　颶風難迴避　初三須有颶
初四還可懼　望日二十三　颶風均可畏
七八必有風　汛頭有風至　春雪百二旬
有風君須記　二月風雨多　出門還可記
初八及十三　十九二十一　三月十八雨
四月十八至　風雨帶來潮　船傍人難避

端午汛頭風　二九君還忌　西北風太狂
回南必亂地　東風連夜吼　西風只到酉
春颶頭起狂　冬颶尾更大　六月十一二
彭祖連天忌　七月上旬來　爭秋船莫開
八月半旬時　隨潮不可移

占天

朝看東南黑　勢急午前雨　暮看西北黑
半夜看風雨　東南朝黑雲　風急午時霖
西北暮黑雲　半夜風雨均　朝看天頂穿
日出漸炎炎　暮看四脚懸　明日必晴天

遊絲天外飛　久晴便可期　清朝起海雲
風雨霎時辰　風靜鬱蒸熱　雲雷必振烈

占雲

早起天頂無雲　日出漸明　暮看西邊無雲
明日晴明　游絲天外飛　久晴便可期
清朝起海雲　風雨霎時辰　風靜鬱蒸熱
雲雷必震烈　東風雲過西　雨下不移時
東南卯沒雲　雨下巳時辰　雲起南山暗
風雨辰時見　日出卯遇雲　無雨必天陰
雲隨風雨疾　風雨霎時息　迎雲對風行

風雨晴時辰　日沒黑雲接　風雨不可說

雲佈滿山低　連霄亂雨霏　雲從龍門起

颶風連急雨　西北黑雲生　雷雨必生旬

雲勢若魚鱗　來早風不輕　雲鈎午後排

風色屬人猜　夏雲鈎內出　秋風鈎背來

曉雲東不慮　夜雨愁過西　雨陣兩霎煎

大颶連天惡　惡雲半開閉　大颶隨風至

亂雲天頂絞　風雨來不少　風送雨傾盆

雲過都晴了　紅雲日出生　勸君莫出行

紅雲日沒起　晴明便可許　雲行砲車同

必主起大風　雲變魚鱗天　不雨也風顛

占日

烏雲接日　雨即傾滴　雲下日光　晴朗無妨
早間日珥　狂風即起　申後日珥　明日有雨
一珥单日　兩珥雙起　午前日暈　風起此方
午後日暈　風勢須防　暈開開處　風色不狂
早白暮赤　飛沙走石　日沒暗紅　無雨必風
朝日洪天　晴風不揚　朝日燭地　細雨必至
日光晴彩　久晴可待　日光早出　晴明必久
返照黄光　明日風狂　午後雲遮　夜雨霶沱

上下黑龍　風雨相從　日暈青色　必主大風
日暈赤色　霹靂兼風　雨畔相向　天下大風
已上俱參將沈有容舟師占驗

論太白晝見

經云太白晨見東戶爲啓明朱子斷曰啓明金星金在西日將出則東見註云太白見于日將出時則曰晨見主無風見于日已出後則曰晝見主有大風今俗呼爲曉星

論三星摇動

每遇入夜觀于西南方上有星摇動主大風

占氣

凡占氣法每於月甲子庚子及午未亥日令三五淨士登五丈高臺分地方觀之若氣來如循車道者五六里氣高七八尺十餘里氣高二丈五六十里若平川舉目而望之五百里平望千餘里極目望如桑榆者二千里氣觸地三千里凡氣靜則軍動故象曰有勝無實勝虛下澤勝枯長勝短厚勝薄假如我軍在西敵在東西高東下西厚東薄西澤東枯西長東短戰則我勝此象氣之法也

氣上小下大主士卒日增上大下小主士卒日減

氣前白如低後青如高主將怯士勇前小後大主暗昧不明
氣來覆人掩溝蓋軍者主大敵至急宜備
氣横色兼白見日轉潤色者主將有威德
氣色青虛而高漸黑者主將死
氣明滅大小不定者必有詐謀宜勒兵備之
氣白色明滅如霧狀如疋帛者主天下有兵起
氣如丹蛇兼赤色隨後至者主大戰
氣白色如羣羊徘徊結陳來者必有他國人來相圖
氣白色廣五六丈竟天者主起兵

氣如火從天下入軍營者主軍亂將死
氣黒色如牛馬入軍營者名曰天狗食人血主兵敗
氣白色如瓜連蔓結部隊相逐須臾罷而後出乃至
八九丈而不斷者主大軍卒至宜發守備
氣如網幕向天邊到者主兵將潰死
氣如車覆軍上者不宜攻戰
兩軍相接軍上有五色雜氣東西南北不定者必有
詐謀宜勒兵備禦
氣黒如山如帶敵人自降
氣如飛馬徘徊在上或來而高者敵兵勇鋭不宜攻

之
氣白色似旗幟在軍上者主軍勝赤色有凶
氣五色與天連接者此天應之在敵上不宜攻
氣赤色黃色於天下覆敵軍上者不宜擊
氣如犀角羊角用擊之勝
氣如塵埃前低後高在敵軍上將士精銳不宜擊之
氣如堤如岸前後摩地在敵上不宜攻之
氣如山如林木在敵上者主將勇銳不宜擊在我軍
上宜用兵
氣紛紛勃勃如烟如塵在敵上者主敵人敗

氣如焚生草之烟者在彼軍上主兵銳氣散後擊之必敗

氣黑色中赤氣必有伏兵不宜擊

攻城圍邑其上有氣吹灰者城可圖也

城中氣出於西者城欲降

城中氣出於北者城可攻

城中氣出於南者城欲逬

城中氣出於外如烟者主城中出大將軍交戰

城中氣出復入者主城中人逬

城中氣過旬不散者城中有大將輔佐之不宜攻

城中赤氣出旬日如搗杵主城中兵災

天子之氣如高樓如華蓋如龍虎如鳳如泰山如紫
蓋如人赤氣其下皆不可攻伐

猛將之氣如虎如龍形如狼如熊如樓閣如旌旗如
長堤如山如人持刀斧如林木如弓弩如黑蛇如烟
火勃勃焉其下不可攻伐

游兵之氣如長木如葭長無根本如慧星其下不可
攻

伏兵之氣如杵如旌旗幢蓋在黑雲中如人十十五
五在黑雲中如黑狗如山嶽如樓彷彿兵在其下攻

戰必敗

敗兵之氣如掃帚如鑼鼓如懸衣如雙蛇如飛鳥如壞屋如驚鹿如破車如人相揹無頭無足皆敗兵殺將之氣

降兵之氣如人十十五五皆叉手低頭主五月內定有降卒至

凡城郭有赤氣者下必流血

凡州郡天紅如血者主有篡殺事

占日月

夫日月陰陽之精國之象為君為將不可不明此也

日月竝出主有二君

兩日竝出諸侯謀叛

衆日出主天下分裂

日月竝出相去數寸者大臣謀逆

日夜出者天下不安大兵將起洪水流行

三日竝出者主君失位

日中有赤鳥者主國大凶

日暈五重者不期年主兵起人民不安

暈如金色兼有水者主將有喜

暈如瓜隨身置兵大勝

日暈時城中出氣色遇其城不宜攻伐
暈如車者戰則必勝
暈有赤色氣盤旋在上者兵敗
日傍如人無頭足持戟者主社稷遷移
日內有白虹貫者主上位凶
日邊有雲如鏡懸者其下戰則死兼先鋒將死
日有四毛竪定者戰則主大勝
日蝕處攻之勝攻城亦從蝕處攻之必破
兩月並出主國家憂患
月晝出光輝者主姦謀

月初生黃色者主大軍人民饑饉赤色者主客兵勝

月初生中正者主敵兵至

月中無兎主損將軍

月暈三重主天下兵起

月初生有暈者若向此戰客勝

月生無光主士卒亂

月暈黑色主人勝

月無暈有氣入者隨氣入處攻之必勝

月有雲從傍入隨雲入處攻之必勝

月十四日虧者主國危兵起

月蝕圓而缺者主大臣謀叛

春季月蝕主將軍憂

夏季月蝕主將軍憂大災

秋季月蝕主四面將軍災

冬季月蝕主將軍兵在外勝

占雷霆

夫雷霆者天地之威也震則有警萬物用兵者尤宜察之凡雷震鳴將軍士卒宜擐甲張弦其兵得助者也

凡雷霆從坎上鳴主軍大水

乾上鳴主士卒興　震上鳴主米穀貴
艮上鳴主兵疾病　巽上鳴主大旱
離上鳴主亢旱　坤上鳴主蟲損禾
兌上鳴主兵起　鳴無電主大凶宜賞
雷從我軍上起大勝從敵上起敵勝
圍城過旬無雷雨者城中有輔佐人宜審之
暴雷霹靂在營上主兵敗急宜移營

占雨

凡雲行雨從後來沾衣者得天助必勝細雨沾衣者
名曰沐浴兵大吉

雨不濕衣名曰浴屍大凶
無雲而雨名曰天泣大凶
雨終日不成蹤者主災
天久陰而不雨者主士卒謀將軍連陰十餘日不雨
者亦下謀王
凡攻城過旬不雨者宜退兵

占虹蜺

夫虹蜺者雄曰虹雌曰蜺
白虹者亂之由斯出則百殃生主禍亂流血之兆
久無雲虹蜺見者主國大災

黃色兵大勝赤色宜賞士卒白色臨城城欲廢青色
主癉疫
似象鼻者主兵起流血
白色五七箇見者主災
虹蜺似弓形者流血直者主疾病交見者攻城伐寨
入軍井中五軍大敗入營者主兵敗

占星

太白星伏入月内與兵者名曰月逆主三軍潰
太白星出傍有小相侵不過尺餘者主客兵散
出來未高有敵可擊亦莫追若失度向南行則先舉

者兵敗
星出來高者宜用兵深入則勝
出來低者宜用兵淺則勝
出來行緩者宜固守
出來小光芒炎炎者大兵起
出軍時有芒角者隨角出軍
星出光芒者名曰天狗其下主流血
星出見一芒者主兵起不用兵出見二芒者主兵起
用兵出見三芒者所在處兵起出見四芒者主大臣
爲將不利

星出左右有流星亂者主國有災
出在未時者臣下作亂
星出入日中星明日暗主大臣謀逆
出入月中星明月暗主將死

占流星

流星者天使也大者使大小者使小聲隆隆者怒行疾應速行遲應緩也流星大者無光則衆人之事小者無光則貴人之事明滅不定者主兵兵敗蛇行者主姦謀事從敵軍上徐行至吾軍上者主爭鬬也
落地化成水者天下大水流亡

落地化成人者凶吉隨人所定也

落地化成砂土者國亡

落地化飛禽主兵起

落地化成石者主水流千里

落地化成六畜者主兵起人民不安

落地化成玉者主饑荒

落地散墜軍營者主大戰

落地作聲於軍中者主將死宜急移營

曳尾三尺長或戈長者主軍敗

入營者大凶

有芒角火光墜軍營中者凶宜急移營

落營寨中宜移營不移主將死

落軍營内衆驢馬驚鳴者軍敗死

占北斗

北斗星斗中有小星者主天下不安兵戈起

中有青蒼氣衝入者主賊來侵都邑

上有赤雲者主軍敗流血

有赤氣如龍蟠者主客軍敗

有微微白氣入者主兵大起

白雲從外如蛇尾末穿中心者大凶

有白雲如猪形主士卒虛驚
斗邊有黃氣散東西成文采者主軍敗宜固守不可
動動必凶
有黑氣如龍衝入勝不宜舉
有赤氣如狼頭薄尾厚者宜以猛將攻之必大勝
斗邊有薄薄氣青色者主大臣謀逆
有雲繚繞者主西方夷兵起
斗晝見者主社稷遷移
有赤氣四隅圍遶者主兵大起
占星雜見吉凶

雜星箕糠星不見者主天下人民饑饉
翼宿分明見者主宗廟悲哀
星形如樹者主大戰
星形如牛頭名曰疾蔾若見主國災
晝星見主天下不安
晝雨乍晴星見主社稷遷移
晝三箇星見主夷狄戎蠻來侵犯不過七日或七旬
日千里兵敵
晝四箇星見主君親謀逆
晝五箇星見主外國來爲災

星一箇入月中者主姦謀
掃星淩月者主大臣謀逆
星相打者主大戰流血
軍出夜有星光明在敵上我軍稀暗者主軍敗若我軍上光明者主軍勝已上俱神機制敵

占虹

螮蝀在西　明日雨垂　螮蝀在東　無雨生風
虹下雨垂　晴明可期　斷虹晚見　不明天變
斷虹早掛　有風不大　斷虹光散　名曰破蓬
東南晚見　必主颶風

占霧

在天濛氣　在地濛溟　曉霧即收　晴天可求
霧收不起　細雨不止　三日霧濛　必起狂風
清明前後　歲歲皆同　白虹下降　惡霧必散

占電

電光西南　明日炎炎　電光西北　雨下連夜
辰闕電飛　大颶可期　遠來無慮　遲則有危
電光亂明　無風雨晴　夏風順電來　秋風對電起
閃爍星光　星下風狂

占海

螻蛄放洋　大颶難當　兩日不至　三日無防
滿海浪荒　雨驟風狂　大海無慮　至近無防
金銀遍海　風雨立待　海泛沙塵　大颶難禁
若近山岓　仔細思尋　烏鰌弄波　風雨必起
二日不來　三日難抵　水上鵞毛　風大難抛
東風可守　回南漸傲　白蝦弄波　風起便和
熟讀此歌　不遭風波

行船占日月星雲風濤

一返照在日沒之前臙脂紅在日沒之後記之
一星光閃爍不定主有風

一凡風单日起单日止雙日起雙日止

一凡風起早晚和須防明日再多

一有惡暴之風盡日而没

一防夜起之風必毒

一凡東風急風急雲起愈急必雨雨最難晴

一凡春風易於傳報一日南風必還一日北風雖早

有此風向晚必靜

一春南夏北有風必雨

一春天東南風俗云風時向晚多颶

一凡雨陣自西北起者必雲黑如潑墨又必起作眉

梁陣主先大風後雨雨急易靜

一水際生靛青主有風雨

一秋天雲陰若無風則無雨

一海燕忽成羣而來主風雨烏肚雨白肚風

一海豬亂起主大風

一鰕籠張得鱓魚主風水已上俱舟師占驗

占鳥獸

九變圖曰鳥是陽家之將獸是陰家之軍將不將鳥飛颺軍不軍鳥隨身預符曰鬭不鬭看鳥獸大凡爲將用兵不可不明也

軍營中有鳥集於將軍旗纛上者將軍加祿
羣鳥於將軍鼓下集者主將有災
羣鳥飛集徃來繚繞軍營者主敵來
鳥入營中上將軍帳幕者主內與外謀逆
鳥入營中人不識者是熒惑行化急宜移營
下營後有鷙經過者主敵來勇銳
鳥如龍文者見處兵起
鳥如獸形見處兵起
鳥蔽日來集我營上者不出三日敵從鳥來處至宜
防其方

衆鳥忽回翔軍上鳴噪者主三日内暴兵至

惡鳥遶軍飛鳴者主軍大敗

白雀入軍營者急移營

羣鳥隊隊來遶營飛噪者防外敵來攻

羣鳥飛鳴者主暴兵至

羣鳥鳴噪軍營四面者宜固守戰則軍敗

鳥忽然入軍營者不出五日當有大戰先舉兵勝

鳥營上一鳴者主敵不來二鳴主戰大勝五鳴不戰

而勝

鹰鶚在前後者不出五日主大戰

或見鷙鳥在軍前搏物者大勝
軍行有百勞鳥在軍前則後軍列陳待之主敵至
軍行有鳥逆來者主軍大敗
軍營中有鷄夜鳴者主軍大敗
軍行逢蚩蟲者主大戰
軍行有蜂蝶前後左右飛者必有伏兵
軍營中有鳩噪者主暴兵至
凡獸有虎豹或前或後入軍中不出五日主大戰先
舉兵勝
虎豹入軍營中害人者宜急移不移大凶

猿貍猻猱入軍中主軍吏謀叛及姦詐事急移營
蛇遶軍營者賊來攻戰宜固守之
獐野猪入軍營者主大凶軍敗速移即吉
鹿入營者主三日內有人來降
狼雉入軍營者主大凶軍敗
鼉鱉入軍營者主兵潰散
軍中忽聚數百蛇者主兵潰散
軍營馬轉槽嘶主大戰
軍營馬晝夜頻嘶者主暴兵至
軍營鬥牛馬來者大吉

軍營中牛馬舞者主罷征戰　已上俱神機制敵

占潮

月上潮長　月沒潮漲　大汛潮光　小汛月上
北海之潮　終日滔滔　高麗潮來　一日一遭
萊州洋水　南北長落　北來是長　有來方覺
楊子江內　糧舟之患　最怕船畱　大風緊急
繫定且守　船走難纜　紐定必凶　直至沙岓
走荒落矴　神鬼驚散　要知矴地　大洪泥硬
灘山一馱　鐵矴可障　海中泥濘　順抛木矴
黒水洋深　接繳數尋　成山開處　名羅鼓地

磨斷宗毛　篾繳可抛　成山鐵山　萬丈深泉

職方攷鏡

浙東潮候

初一初二十三十四　寅申長　巳亥平

初三初四十五十六　卯酉長　子午平

初五初六十七十八　辰戌長　丑未平

初七初八十九二十　巳亥長　寅申平

初九初十廿一廿二　子午長　卯酉平

十一十二廿三廿四　丑未長　辰戌平

廿五廿六　寅申長　巳亥平

廿七廿八　卯酉長　子午平
廿九三十　辰戌長　丑未平
朝生爲潮夕生爲汐晦朔弦望潮汐應焉故平於
地下之中而會於月潮生於寅則汐於申潮生於巳
則汐於亥陰陽消長不失其時故曰潮信
定太陽出没以應潮信時刻長短
正月出乙入庚方　二八出兎入雞腸
三七發甲入辛地　四六出寅入犬藏
五月生艮歸乾上　仲冬出巽入坤方
惟有十月與十二　出寅入申仔細詳

定寅時

正九五更四點徹　二八五更二點歇

三七平光起寅時　四六日出寅無別

五月日高三丈地　十月十二四更二

仲冬纔到四更初　此是寅時須切記

已上紀効新書

海防纂要卷之十三

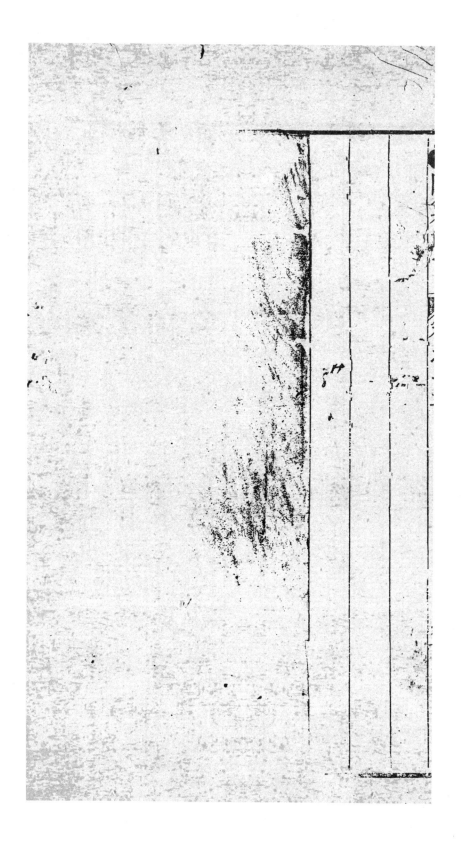

附全五册目録